·世界成功企业奉为圭臬的理念和价值观·

# 没有任何借口

## NO EXCUSE！

### 【白金纪念版】

施伟德 著

*West Point*

用西点军校的行为准则打造超级执行团队

台海出版社

**图书在版编目（CIP）数据**

没有任何借口：白金纪念版 / 施伟德著 . -- 北京：
台海出版社，2022.10（2024.12重印）
ISBN 978-7-5168-3380-3

Ⅰ.①没… Ⅱ.①施… Ⅲ.①企业管理－职工培训
Ⅳ.① F272.92

中国版本图书馆 CIP 数据核字（2022）第 158274 号

## 没有任何借口：白金纪念版

著　　者：施伟德

责任编辑：赵旭雯　　　　　　　　　　封面设计：田　晗

出版发行：台海出版社

地　　址：北京市东城区景山东街20号　　邮政编码：100009

电　　话：010-64041652（发行，邮购）

传　　真：010-84045799（总编室）

网　　址：www.taimeng.org.cn/thcbs/default.htm

E-mail：thcbs@126.com

经　　销：全国各地新华书店

印　　刷：天津市新科印刷有限公司

本书如有破损、缺页、装订错误，请与本社联系调换

开　　本：710毫米×1000毫米　　　　1/16

字　　数：175千字　　　　　　　印　张：13.5

版　　次：2022年10月第1版　　　印　次：2024年12月第2次印刷

书　　号：ISBN 978-7-5168-3380-3

定　　价：39.00元

# 千万别找借口

\* \* \* \* \* \* \* \* \* \* \* \*

在美国西点军校，有一个广为传诵的悠久传统，学员遇到军官问话时，只能有四种回答："报告长官，是。""报告长官，不是。""报告长官，不知道。""报告长官，没有任何借口。"除此以外，不能多说一个字。

"没有任何借口"是美国西点军校200多年来奉行的最重要的行为准则，是西点军校传授给每一位新生的第一个理念。它强化的是每一位学员想尽办法去完成任何一项任务，而不是为没有完成任务去寻找借口，哪怕是看似合理的借口。秉承这一理念，无数西点毕业生在人生的各个领域取得了非凡的成就。

千万别找借口！在现实生活中，我们缺少的正是那种想尽办法去完成任务，而不是去寻找任何借口的人。在他们身上，体现出一种服从、诚实的态度，一种负责、敬业的精神，一种完美的执行能力。

在工作中，我们经常能够听到的是各种各样的借口：

"那个客户太挑剔了，我无法满足他。"

"我可以早到的，如果不是下雨。"

"我没有在规定的时间里把事做完，是因为……"

"我没学过。"

"我没有足够的时间。"

"现在是休息时间，半小时后你再来电话。"

"我没有那么多精力。"

"我没办法这么做。"

……

其实，在每一个借口的背后，都隐藏着丰富的潜台词，只是我们不好意思说出来，甚至我们根本就不愿说出来。借口让我们暂时逃避了困难和责任，获得了些许心理的慰藉。但是，借口的代价无比高昂，它给我们带来的危害一点也不比其他任何恶习少。

归纳起来，我们经常听到的借口主要有以下五种表现形式。

**1. 他们做决定时根本就没有征求过我的意见，所以这不应当是我的责任。**

许多借口总是把"不""不是""没有"与"我"紧密联系在一起，其潜台词就是"这事与我无关"，不愿承担责任，把本应自己承担的责任推卸给别人。一个团队中，是不应该有"我"与"别人"的区别的。一个没有责任感的员工，不可能获得同事的信任和支持，也不可能获得上司的信赖和尊重。如果人人都寻找借口，无形中会提高沟通成本，削弱团队协调作战的能力。

**2. 这几个星期我很忙，我尽快做。**

找借口的一个直接后果就是容易让人养成拖延的坏习惯。如果细心观察，我们很容易就会发现在每个公司里都存在着这样的员工：他们每天看起来忙忙碌碌，似乎尽职尽责了，但是，他们把本应用1个小时完成的工作变得需要半天的时间甚至更多。因为工作对于他们而言，只是一个接一个的任务，他们寻找各种各样的借口，拖延、逃避。这样的员工会让每一个管理者头痛不已。

**3. 我们以前从没那么做过或这不是我们这里的做事方式。**

寻找借口的人都是因循守旧的人，他们缺乏一种创新精神和自动自发工作的能力，因此，期许他们在工作中做出创造性的成绩是徒劳的。借口会让他们躺在以前的经验、规则和思维惯性上舒服地睡大觉。

**4. 我从没受过适当的培训来干这项工作。**

这其实是为自己的能力或经验不足而造成的失误寻找借口，这样做显然是非常不明智的。借口只能让人逃避一时，却不可能让人如意一世。没有谁天生就能力非凡，正确的态度是正视现实，以一种积极的心态去努力学习、不断进取。

**5. 我们从没想过赶上竞争对手，在许多方面人家都超出我们一大截。**

当人们为不思进取寻找借口时，往往会这样表示。借口给人带来的严重危害是让人消极颓废，如果养成了寻找借口的习惯，当遇到困难和挫折时，不是积极地去想办法克服，而是去找各种各样的借口。其潜台词就是"我不行""我不可能"，这种消极心态剥夺了个人成功的机会，最终让人一事无成。

优秀的员工从不在工作中寻找任何借口，他们总是把每一项工作尽力做到超出客户的预期，最大限度地满足客户提出的要求，而不是寻找各种借口推诿；他们总是出色地完成上级安排的任务，替上级解决问题；他们总是尽全力配合同事的工作，对同事提出的帮助与要求，从不找任何借口推托或延迟。

是的，千万别找借口！美国成功学家格兰特纳说过这样一句话："如果你有自己系鞋带的能力，你就有上天摘星的机会！"让我们改变对借口的态度，把寻找借口的时间和精力用到努力工作中来。因为工作中没有借口，人生中没有借口，失败没有借口，成功也不属于那些寻找借口的人！

# 目录

C O N T E N T S ►►►►

# III 忠诚胜于能力

# IV 责任重于才干

# V 做最优秀的员工

## VI 超越雇佣关系

## VII 与企业共辉煌

# I

## 没有任何借口

# 1. "没有任何借口"

　　"没有任何借口"是西点军校奉行的最重要的行为准则，它强化的是每一位学员想尽办法去完成任何一项任务，而不是为没有完成任务去寻找任何借口，哪怕看似合理的借口。

　　每个企业都需要安德鲁·罗文上尉这样的员工。如果不是秉持着"没有任何借口"这一最重要的行为准则，把信送给加西亚将是不可想象的。

　　在西点军校，麦肯罗作为新生学到的第一课，是来自一位高年级学员冲着他的大声训导。他告诉麦肯罗，不管什么时候遇到学长或军官问话，只能有四种回答："报告长官，是。""报告长官，不是。""报告长官，没有任何借口。""报告长官，不知道。"除此之外，不能多说一个字。

　　学长曾问麦肯罗："你为什么不把鞋擦亮？"他说："哦，鞋脏了，我没时间擦。"这样的回答得到的只能是一顿训斥。因为军官要的只是结果，而不是喋喋不休、长篇大论的辩解！西点军校让学员明白这样的道理：如果你不得不带队出征，那就别找什么借口了，并在当晚给士兵的母亲写信。如果你不得不解雇公司的数千名员工，那也不要去找什么借口，因为你本应预见到要发生的事，要提前寻找对策。

　　"没有任何借口"是西点军校奉行的最重要的行为准则，它强化的是每一位学员想尽办法去完成任何一项任务，而不是为没有完成任务去寻找任何借口，哪怕看似合理的借口。其目的是为了让学员学会适应压力，培养他们不达目的不罢休的毅力。它让每一个学员懂得：工作中是没有任何借口的，失败是没有任何借口的，人生也是没有任何借口的。

"没有任何借口"看起来似乎很绝对、很不公平，但是人生并不是永远公平的。西点军校就是要让学员明白：无论遭遇什么样的环境，都必须学会对自己的一切行为负责！学员在校时只是年轻的军校学生，但是日后肩负的却是自己和其他人的生死存亡乃至整个国家的安全。在生死关头，你还能到哪里去找借口？哪怕最后找到了失败的借口又能如何？"没有任何借口"的训练，让西点学员养成了毫不畏惧的决心、坚强的毅力、完美的执行力以及在限定时间内把握每一分每一秒去完成任何一项任务的信心和信念。

在西点军校新生的前辈学员中，有很多人都是"没有任何借口"这一理念最完美的执行者和诠释者。伟大的罗文上尉是这样。如果不是秉持着"没有任何借口"这一最重要的行为准则，把信送给加西亚将是不可想象的。伟大的巴顿将军也是这样。1916年，作为美国墨西哥远征军总司令潘兴将军副官的巴顿，也有过一次类似的送信的经历。巴顿将军在他的日记中写道：

"有一天，潘兴将军派我去给豪兹将军送信。但我们所了解的关于豪兹将军的情报只是说他已通过普罗维登西区牧场。天黑前我赶到了牧场，碰到第7骑兵团的骡马运输队。我要了两名士兵和三匹马，顺着这个连队的车辙前进。走了不多远，又碰到了第10骑兵

"没有任何借口"是西点军校奉行的最重要的行为准则，它强化的是每一位学员想尽办法去完成任何一项任务，而不是为没有完成任务去寻找任何借口，哪怕看似合理的借口。

团的一支侦察巡逻兵。他们告诉我们不要再往前走了，因为前面的树林里到处都是维利斯塔人。我没有听，沿着峡谷继续前进。途中遇到了费切特将军（当时是少校）指挥的第7骑兵团的一支巡逻队。他们劝我们不要往前走了，因为峡谷里到处都是维利斯塔人。他们也不知道豪兹将军在哪里。但是我们继续前进，最后终于找到了豪兹将军。"

西点校友莱瑞·杜瑞松上校也是这样。

莱瑞·杜瑞松在第一次奉派外地服役的时候，有一天连长派他到营部去，交代给他7件任务：要去见一些人，要请示上级一些事，还有些东西要申请，包括地图和醋酸盐（当时醋酸盐严重缺货）……杜瑞松下定决心把7件任务都完成，虽然他并没有把握要怎么去做。事情果然并不顺利，问题就出在醋酸盐上。他滔滔不绝地向负责补给的中士说明理由，希望他能从仅有的存货中拨出一点。杜瑞松一直缠着他，到最后不知道是被杜瑞松说服了，相信醋酸盐确实有重要的用途，还是眼看没有其他办法能够摆脱杜瑞松，中士终于给了他一些醋酸盐。

杜瑞松回去向连长复命的时候，连长并没有多说话，但是很显然他有些意外，因为要在短时间里完成7件任务确实非常不容易。或者换句话说，即使杜瑞松不能完成任务，也是可以找到借口的。但是杜瑞松根本就没有想到去找借口，他心里根本就没有过失败的念头。

但是，在生活和工作中，我们经常会听到这样或那样的借口。借口在我们的耳畔窃窃私语，告诉我们不能做某事或做不好某事的理由，它们好像是"理智的声音""合情合理的解释"，冠冕而堂皇。上班迟到了，会有"路上堵车""手表停了""今天家里事太多"等借口；业务拓展不开、工作无业绩，会有"制度不行""政策不好"或"我已经尽力了"等借口；事情做砸了有借口，任务没完成有借口。只要有心去找，借口无处不在。做不好一件事情，完不成一项任务，有成千上万个借口在那儿响应你、声援你、支持你，抱怨、推诿、

没有任何借口

迁怒、愤世嫉俗成了最好的解脱。借口就是一块敷衍别人、原谅自己的"挡箭牌"，就是一部掩饰弱点、推卸责任的"万能器"。有多少人把宝贵的时间和精力放在了如何寻找一个合适的借口上，而忘记了自己的职责和责任啊！

寻找借口唯一的好处，就是把属于自己的过失掩饰掉，把应该自己承担的责任转嫁给社会或他人。这样的人，在企业中不会成为称职的员工，也不是企业可以期待和信任的员工；在社会上不是大家可以信赖和尊重的人。这样的人，注定只能是一事无成的失败者。

试想，如果你与某人约好时间见面，而他迟到了，见面张口就说：路上车太多了，或者是他在门口迷路了，等等，你会怎么想？生活中只有两种行为：要么努力地表现，要么不停地辩解。没有人会喜欢辩解的，那些动辄就说"我以为、我猜、我想、大概是"的人，想想吧，你们从这些话中得到了些什么？

当然，我们并不能解决"路上堵车"的问题，我们也不太可能等外部条件都完善了再开始工作，但就是在这种既定的环境中，就是在现有的条件下，我们同样可以把事情做到极致！我们无法改变或支配他人，但一定能改变自己对借口的态度——远离借口的羁绊，控制借口对自己的影响力，坚定完成任务的信心和决心。越是环境艰难，越是敢于承担责任，锲而不舍，坚韧不拔，就一定能消除借口这条"寄生虫"的侵扰。很多借口其实都是我们自己找来的，牵强附会。同样，我们也完全可以远离、抛弃它们。"没有任何借口"不是冷漠或缺乏人情味。如果打一个极端的比喻，假设迟到一分钟，你就要被枪毙或开除，这时

"没有任何借口"看起来似乎很绝对、很不公平，但是人生并不是永远公平的。西点军校就是要让学员明白：无论遭遇什么样的环境，都必须学会对自己的一切行为负责！

你还会找借口吗？而这样的情况，在战场上，在商场上，随时都有可能发生。

"没有任何借口"还体现出一种完美的执行能力。每个企业都需要罗文这样的员工。如果上司命令把某项任务"解决了"，而执行的员工却回答说："找不到人啊，无从下手啊，不会开机器啊，没有原料啊……"最后，上司急了，"你闪开，让我来干"。这样的员工不但会被淘汰出局，这样的企业也会有生存危险。

# 2. 借口是拖延的温床

在西点军校新生的前辈学员中，有很多人都是"没有任何借口"这一理念最完美的执行者和诠释者。

借口是拖延的温床。习惯性的拖延者通常也是制造借口与托词的专家。他们每当要付出劳动，或要做出抉择时，总会找出一些借口来安慰自己，总想让自己轻松些、舒服些。我相信，人们对那些做事拖延的人，总有各种各样借口的人，是不可能报以太高的期望的。

借口是拖延的温床，习惯性的拖延者通常也是制造借口与托词的专家。这类人无法做出承诺，只想找借口。他们总是为了没做某些事而制造借口，或想出千百个理由为事情未能按计划实施而辩解。这样的人是不可能成为好员工的，他们也不可能有完美成功的人生。有一位在行业内小有名气的老板说："在我的公司里，我会让这样的人统统滚蛋。"

在西点军校，新学员接受的第一个观念就是，没有任何借口，不要拖延，立即行动！如果第一次你因疏忽或别的原因没有及时擦亮你的皮鞋，你以种种借口逃脱了惩罚，第二次、第三次……久而久之，至少在擦皮鞋这件事上，你可能就会养成寻找借口的习惯，而这些借口又会让你对擦皮鞋这件事无故拖延。

想想吧，如果不是擦皮鞋，而是在战场上，在修筑工事，在对敌冲锋……这样的习惯将会造成多么可怕的后果啊！

这不是把问题绝对化，其实，商场就是战场，工作就如同战斗。要想在商场上立于不败之地，就必须拥有一支高效的、能战斗的团队。任何一个经营者都知道，对那些做事拖延的人，是不可能寄予太高的期望的。

今天该做的事拖到明天完成，现在该打的电话等到一两个小时后才打，这个月该完成的报表拖到下一月，这个季度该达到的进度要等到下一个季度……不知道喜欢拖延的人哪儿来的这么多的借口：工作太无聊、太辛苦，工作环境不好，老板脑筋有问题，时间太紧，等等。但有一点可以确定，这样的员工肯定是不努力工作的员工，至少是没有良好工作态度的员工。他们找出种种借口来蒙混公司，来欺骗管理者，他们是不负责任的人。

凡事都留待明天处理的态度就是拖延，这是一种很坏的工作习惯。每当要付出劳动，或要做出抉择时，总会找出一些借口来安慰自己，总想让自己轻松些、舒服些。奇怪的是，这些经常喊累的拖延者，却可以在健身房、酒吧或购物中心流连数个小时而毫无倦意。但是，看看他们上班的模样！你是否常听他们说："天啊，真希望明天不用上班。"带着这样的念头从健身房、酒吧、购物中心回来，只会感觉工作压力越来越大。

一些组织的负责人常常纳闷，为什么有的人如此善于找借口，却无法将工作做好，这的确是一件非常奇怪的事。因为不论他们用多少方法来逃避责任，该做的事，还是得做。而拖延是一种相当累人的折磨，随着完成期限的迫近，工作的压力反而与日俱增，这会让人觉得更加疲倦不堪。

拖延的背后是人的惰性在作怪，而借口是对惰性的纵容。人们都有这样的经历，清晨闹钟将你从睡梦中惊醒，想着该起床上班了，同时却感受着被窝的温暖，一边不断地对自己说该起床了，一边又不断地给自己寻找借口"再等一会儿"，于是又躺了 5 分钟，甚至 10 分钟……

对付惰性最好的办法就是根本不让惰性出现，千万不能让自己拉出和惰性开仗的架势。往往在事情的开端，总是积极的想法在先，然后当头脑中冒出"我是不是可以……"这样的问题时，惰性就出现了，"战争"也就开始了。一旦开仗，结果就难说了。所以，要在积极的想法出现时马上行动，让惰性没有乘虚而入的可能。

以下一些建议，是一位日后成为美国一家大公司总裁的西点学员，从他的西点军校生活及后来的职业经历中总结出来的，我相信，这些建议对那些决心改变自己的拖延者而言，是有积极意义的。事实上，这也是很多知名企业培训员工的一项重要内容。

（1）列出你立即可做的事。从最简单、用很少的时间就可完成的事开始。

（2）每天从事一件明确的工作，而且不必等待别人的指示就能够主动去完成。

（3）运用切香肠的技巧。所谓切香肠的技巧，就是不要一次性吃完整条香肠，而是把它切成小片，一小口一小口地慢慢品尝。同样的道理也可以用在你的工作上：先把工作分成几个小部分，分别详列在纸上，然后把每一部分再细分为几个步骤，使得每一个步骤都可在一个工作日之内完成。

每次开始一个新的步骤时，不完成，绝不离开工作区域。如果一定要中断的话，最好是在工作告一个段落时。

（4）到处寻找，每天至少找出一件对其他人有价值的事情去做，而且不期望获得报酬。

（5）每天要将养成这种主动工作习惯的价值告诉别人，至少要告诉一个人。

借口就是一块敷衍别人、原谅自己的"挡箭牌"，就是一部掩饰弱点、推卸责任的"万能器"。有多少人把宝贵的时间和精力放在了如何寻找一个合适的借口上，而忘记了自己的职责和责任啊！

（6）在日程表上记下所有的工作日志。把开始日期、预定完成日期以及其间各阶段的完成期限记下来。不要忘了切香肠的原则：分成小步骤来完成。这样做一方面能减轻压力，另一方面还能保留推动你前进的适当压力。

有了寻找借口的恶习，做起事来往往就会不诚实。这样，你的工作必定遭人轻视，人们还会轻视你的人品。工作是生活的一部分，粗劣的工作，就会造成粗劣的生活。做着粗劣的工作，不但使工作的效能降低，而且还会使人丧失做事的才能。

超越平庸，选择完美。这是一句值得我们每个人一生追求的格言。工作中如此，做人也如此。有无数人因为养成了轻视工作、马虎拖延的习惯，以及对手头工作敷衍了事的态度，终致一生处于职场底层，不能出人头地。

没有任何借口

# 3. 借口的实质是推卸责任

任何借口都是推卸责任，在责任和借口之间，选择责任还是选择借口，体现了一个人的工作态度。有了问题，特别是难以解决的问题，可能让你懊恼万分。这时候，有一个基本原则可用，而且永远适用。这个原则非常简单，就是永远不放弃，永远不为自己找借口。

美国成功学家格兰特纳说过这样一句话："如果你有自己系鞋带的能力，你就有上天摘星的机会！"一个人对待生活、工作的态度是决定他能否做好事情的关键。首先改变一下自己的心态，这是最重要的！很多人在工作中寻找各种各样的借口来为遇到的问题开脱，并且养成了习惯，这是很危险的。

在我们日常生活中，常听到这样一些借口：上班晚了，会有"路上堵车""手表停了"的借口；考试不及格，会有"出题太偏""题量太大"的借口；做生意赔了本有借口；工作、学习落后了也有借口……只要有心去找，借口总是有的。

久而久之，就会形成这样一种局面：每个人都努力寻找借口来掩盖自己的过失，推卸自己本应承担的责任。

凡事都留待明天处理的态度就是拖延，这是一种很坏的工作习惯。

拖延的背后是人的惰性在作怪，而借口是对惰性的纵容。

对付惰性最好的办法就是根本不让惰性出现，千万不能让自己拉出和惰性开仗的架势。

我们经常听到的借口主要有以下几种类型：

（1）他们做决定时根本不理我说的话，所以这个不应当是我的责任（不愿承担责任）。

（2）这几个星期我很忙，我尽快做（拖延）。

（3）我们以前从没那么做过，或这不是我们这里的做事方式（缺乏创新精神）。

（4）我从没受过适当的培训来干这项工作（不称职、缺少责任感）。

（5）我们从没想赶上竞争对手，在许多方面他们都超出我们一大截（悲观态度）。

不愿承担责任，拖延，缺乏创新精神，不称职，缺少责任感，悲观态度，看看吧，那些看似冠冕堂皇的借口背后隐藏着多么可怕的东西啊！

你要经常问自己，你热爱目前的工作吗？你在周一早上是否和周五早上一样精神振奋？你和同事、朋友之间相处融洽吗？他们是你一起工作、一起游乐的伙伴吗？你对收入满意吗？你敬佩上司和理解公司的企业文化吗？你每晚是否带着满足的成就感下班回家，又同时热切地准备迎接新的一天、新的挑战、新的刺激以及各种不同的新事物？你是否对公司的产品和服务引以为豪？你觉得工作稳定、受器重又有升迁的机会吗？你个人的生活如何，圆满吗？只要你对以上任何一个问题，回答中有一个"是"字，我就要告诉你："你'可以'热爱你的工作。"（就像当年我对那些前来求助的朋友所建议的一样）这是第一步。你可以把日子过得新奇而惬意，因为生活充满各种机会和选择。但是，你绝对没有时间尝试所有新鲜刺激的事。因此要满足你的愿望，我们得先从"你"开始。你一定要先了解自己的特点、长处，以及有哪些事是你能轻松自如就做得利落漂亮的。但记住，你不必为了做到这一点再回到学校去，或者生活上做剧烈的变动，如辞职甚至卷铺盖走人。符合内心需求的工作就是最合适的工作。需求是一种力量、一种渴望、一种热情。

你可能自觉或不自觉地意识到它的存在。每个人的生命都有这么一道中心轨迹，循着这道轨迹走你就会满足。需求会随着年龄的增长而改变，年轻时，追求的可能是光荣、显耀的日子，独立，或者在一个彼此毫无芥蒂、能够集思广益的团队里工作。然而，目前的工作不能提供这些条件，你只好在周末和朋友尽情玩乐或纵酒以弥补心灵的空虚。可这往往是无效的，到了周一，你就会像个泄了气的皮球。我们虽然与西点军校不同，但我们始终要有敢于担负任何重任的决心和勇气。尤其是在年轻时求知和塑造自己的时期，要学会给自己加码，始终以行动为见证，而不是编织一些花言巧语为自己开脱。我们无须任何借口，哪里有困难，哪里有需要，我们就当义无反顾。

出现问题不是积极、主动地加以解决，而是千方百计地寻找借口，致使工作无绩效，业务荒废。借口变成了一块挡箭牌，事情一旦办砸了，就能找出一些冠冕堂皇的借口，以换得他人的理解和原谅。找到借口的好处是能把自己的过失掩盖掉，心理上得到暂时的平衡。但长此以往，因为有各种各样的借口可找，人就会疏于努力，不再想方设法争取成功，而把大量时间和精力放在如何寻找一个合适的借口上。

任何借口都是推卸责任。在责任和借口之间，选择责任还是选择借口，体现了一个人的生活和工作态度。消极的事物总是拖积极事物的后腿。我们把重物举起来，而地球引力却要将它往下拉。我们在工作的过程中，总是会遇到挫折，我们是知难而进还是为自己寻找逃避的借口？

有了问题，特别是难以解决的问题，可能让你懊恼万分。这时候，有一个基本原则可用，而且永远适

有了寻找借口的恶习，做起事来往往就会不诚实。这样，你的工作必定遭人轻视，人们还会轻视你的人品。工作是生活的一部分，粗劣的工作，会造成粗劣的生活。做着粗劣的工作，不但使工作的效能降低，而且还会使人丧失做事的才能。

用。这个原则非常简单，就是永远不放弃，永远不为自己找借口。

有一幅漫画：在一片水洼里，一只面目狰狞的水鸟正在吞噬一只青蛙。青蛙的头部和大半个身体都被水鸟吞进了嘴里，只剩下一双无力的乱蹬的腿，可是出人意料的是，青蛙却将前爪从水鸟的嘴里挣脱出来，猛然间死死地箍住水鸟细长的脖子……这幅漫画就是讲述这样的道理：无论什么时候，都不要放弃。

不要放弃，不要寻找任何借口为自己开脱。寻找解决问题的办法，是最有效的工作原则。你我都曾经一再看到这类不幸的事实：很多有目标、有理想的人，他们工作，他们奋斗，他们用心去想、去做……但是由于过程太过艰难，他们越来越倦怠、泄气，终于半途而废。到后来他们会发现，如果他们能再坚持久一点，如果他们能看得更远一点，他们就会终得正果。请记住：永远不要绝望；就算绝望了，也要再努力，从绝望中寻找希望。成为积极或消极的人在于你自己的抉择。没有人与生俱来就会表现出好的态度或不好的态度，是你自己决定要以何种态度看待环境和人生。

即使面临各种困境，你仍然可以选择用积极的态度去面对眼前的挫折。

保持一颗积极、绝不轻易放弃的心，尽量发掘你周遭的人或事物最好的一面，从中寻求正面的看法，让自己能有向前走的力量。即使终究还是失败了，也能汲取教训，把这次的失败视为朝向目标前进的踏脚石，而不要让借口成为你成功路上的绊脚石。

当你为自己寻找借口的时候，你也许会愿意听听这个故事：

时间是一个漆黑、凉爽的夜晚，地点是墨西哥市，坦桑尼亚的奥运马拉松选手艾克瓦里吃力地跑进了奥运体育场，他是最后一名抵达终点的选手。

这场比赛的优胜者早就领了奖杯，庆祝胜利的典礼也早就已经结束，因此艾克瓦里一个人孤零零地抵达体育场时，整个体育场已经几乎没有人。艾克瓦里的双腿沾满血污，绑着绷带，他努力地绕完体育场一圈，跑到了终点。在体育场的一个角落，享誉国际的纪

没有任何借口

录片制作人格林斯潘远远地看着这一切。接着，在好奇心的驱使下，格林斯潘走了过去，问艾克瓦里，为什么要这么吃力地跑至终点。

这位来自坦桑尼亚的年轻人轻声地回答说："我的祖国从两万多千米之外送我来这里，不是叫我在这场比赛中起跑的，而是派我来完成这场比赛的。"

没有任何借口，没有任何抱怨，职责就是他一切行动的准则。

"没有借口"看似冷漠，缺乏人情味，它却可以激发一个人最大的潜能。无论你是谁，在人生中，无须任何借口，失败了也罢，做错了也罢，再妙的借口对于事情本身也没有丝毫的用处。许多人生中的失败，就是因为那些一直麻醉着我们的借口。

如果你有自己系鞋带的能力，你就有上天摘星的机会！
——美国成功学家格兰特纳

"没有借口"看似冷漠，缺乏人情味，它却可以激发一个人最大的潜能。

# 4. 找借口，不如说"我不知道"

任何借口都是不负责任的，它会给对方和自己带来莫大的伤害。真诚地对待自己和他人是明智和理智的行为。有些时候，为了寻找借口绞尽脑汁，不如对自己或他人说"我不知道"。

很多用人单位都曾有过这样的疑惑：不知道那些喜欢寻找借口的人是从哪里养成这种习惯的，这些借口又能给他们带来什么样的好处呢？或许是他们认为这样说会给他们的心里带来些许安慰，或许出于一种自我保护的本能，但不管怎样，有一点肯定是很清楚的，任何借口都是不负责任的，它会给对方和自己带来莫大的伤害。如果是为了敷衍别人、为自己开脱的话，那寻找借口更是不诚实的行为。

真诚地对待自己和他人是明智和理智的行为，有些时候，为了寻找借口绞尽脑汁，不如对自己或他人说"我不知道"。

这是诚实的表现，也是对自己和他人负责任的表现。这在某些方面恰恰是自信的表现。一个人在失去了自信的时候，容易为自己找到很多借口，这其实是一种逃避行为。

麦肯锡咨询顾问埃森·拉塞尔的一次经历很能说明问题。

"有一天早晨，我们的客户——一家名列《财富》500强的制造业公司召开了一个重要的项目推介会。我们的项目主管约翰和整个团队把说明情况的各个不同的部分都过了一遍。我把自己的这一部分已经过完了，前一天晚上我一直干到凌晨 4 点才把它整理完，当时我已经筋疲力尽。当讨论转向另一个部分时（这一部分与我无关，而且我对这一部分也知之甚少），我的脑子开始抛锚了，一个劲地想睡觉。我可以听见团队的其他人在讨论不同的观点，但话从我的头脑里滑了过去，就像水从手指间流过去了一样。

"突然，约翰问了我一句：'那么，艾森，你对苏茜的观点怎么看？'我一下就惊醒了。一时的惊吓和害怕妨碍了我集中精力回忆刚才所讨论的内容。多年在常春藤名校和商学院练就的反应让我回过神来，我提出了几条一般性的看法。当然，我所说的也许只能算是马后炮。

"如果我告诉约翰'我没有什么把握——以前我没有遇到过这方面的问题'，我可能会好一点，甚至我这样说也行：'对不起，我刚才思想抛锚了。'我想他会理解的，他以前一定有过同样的经历，就像在麦肯锡工作的其他人一样。相反，我却想蒙混过去，结果便是自己信口开河了。

"几个星期之后，项目结束了，团队最后一次聚会。我们去了一家快餐店，吃了很多东西，喝了不少啤酒。接下来项目经理开始给团队的每一位成员分发带有开玩笑或具有幽默性质的礼物。至于我的礼物，他递给我的是一个桌上摆的小画框，上面整整齐齐地印着麦肯锡的至理名言：只管说'我不知道'。

"这是一条明智至极的建议，至今这个画框还摆在我的书桌上。"

自信的人从来不为自己找借口，任何借口都表现为懦弱的一面。在西点军校，每个学员一入校就接受

自信的人从来不为自己找借口，任何借口都表现为懦弱的一面。

人的一生中会形成很多种习惯，有些是好的，有些是不好的。良好的习惯对一个人影响重大，而不好的习惯所带来的负面作用会更大。

了类似的训练。一位在日后取得了杰出成就的西点学员说，在他后来的职业生涯中，每当面对那些企图以借口为自己开脱的员工时，他总是对他们说："与其找借口，不如说'我不知道'。"

# 5. 不要让借口成为习惯

借口是一种不好的习惯，一旦养成了找借口的习惯，你的工作就会拖沓、没有效率。抛弃找借口的习惯，你就不会为工作中出现的问题而沮丧，甚至你可以在工作中学会大量的解决问题的技巧，这样借口就会离你越来越远，而成功就会离你越来越近。

养成了良好的习惯，你就不会再为工作中出现的问题而沮丧，甚至可以在工作中学会大量的解决问题的技巧，这样借口就会离你越来越远，而成功就会离你越来越近。

人的习惯是在不知不觉中养成的，是某种行为、思想、态度在脑海深处逐步成型的一个漫长的过程。因其形成不易，所以一旦某种习惯形成了，就具有很强的惯性，很难根除。它总是在潜意识里告诉你，这件事这样做，那件事那样做。在习惯的作用下，哪怕是做出了不好的事，你也会觉得是理所当然的。特别是在面对突发事件时，习惯的惯性作用就表现得更为明显。

比如说寻找借口。如果在工作中以某种借口为自己的过错和应负的责任开脱，第一次你可能会沉浸在借口为自己带来的暂时的舒适和安全之中而不自知。但是，这种借口所带来的"好处"会让你第二次、第三次为自己去寻找借口，因为在你的思想里，你已经接受了这种寻找借口的行为。不幸的是，你很可能就会形成一种寻找借口的习惯。这是一种十分可怕的消极的心理习惯，它会让你的工作变得拖沓而没有效率，会让你变得消极而最终一事无成。

人的一生中会形成很多种习惯，有些是好的，有些是不好的。良好的习惯对一个人影响重大，而不好的习惯所带来的负面作用会更大。下面五种习惯，是作为一名合格的管理者必备的习惯，它甚至是每一个员工应该具有的习惯。这些习惯并不复杂，但功效却非常显著。如果你是一位管理者，或者你希望将来能成为管理者，就应该从现在做起，努力培养这些习惯。

（1）延长工作时间。许多人对这个习惯不屑一顾，认为只要自己在上班时间提高效率，没有必要再加班加点。实际上，延长工作时间的习惯对管理者的确非常重要。

作为一名管理者，你不仅要将本职的事务性工作处理得井井有条，还要应付其他突发事件，思考部门及公司的管理及发展规划等。有大量的事情不是在上班时间出现，也不是在上班时间可以解决的。这需要你根据公司的需要随时为公司工作。

上述种种情况，都需要你延长工作时间。根据不同的事情，超额工作的方式也有不同。如为了完成一个计划，可以在公司加班；为了理清管理思路，可以在周末看书和思考；为了获取信息，可以在业余时间与朋友们联络。总之，你所做的这一切，可以使你在公司更加称职。

（2）始终表现出你对公司及产品的兴趣和热情。你应该利用每一次机会，表现你对公司及其产品的兴趣和热情，不论是在工作时间，还是在下班后；不论是对公司员工，还是对客户及朋友。

当你向别人传播你对公司的兴趣和热情时，别人也会从你身上体会到你的自信及对公司的信心。没有人喜欢与悲观厌世的人打交道，同样，公司也不愿让对公司的发展悲观失望或无动于衷的人担任重要工作。

（3）自愿承担艰巨的任务。公司的每个部门和每个岗位都有自己的职责，但总有一些突发事件无法明确地划分到哪个部门或个人，而这些事情往往都是比较紧急或重要的。如果你是一名合格的管理者，就应该从维护公司利益的角度出发，积极去处理这些事情。

如果这是一项艰巨的任务，你就更应该主动去承担。不论事情成败与否，这种迎难而上的精神也会让大家对你产生认同。另外，承担艰巨的任务是锻炼自己能力的难得的机会，长此以往，你的能力和经验会迅速提升。在完成这些艰巨任务的过程中，你有时会感到很痛苦，但痛苦会让你变得更成熟。

（4）在工作时间避免闲谈。可能你的工作效率很高，也可能你现在工作很累，需要放松，但你一定要注意，不要在工作时间做与工作无关的事情。这些事情中最常见的就是闲谈。

在公司，并不是每个人都很清楚你当前的工作任务和工作效率，所以闲谈只会让人感觉你很懒散或很不重视工作。另外，闲谈也会影响他人的工作，引起别人的反感。

你也不要做其他与工作无关的事情，如听音乐、看报纸等。如果你没有事做，可以看看本专业的相关书籍，查找一下最新的专业资料等。

（5）向有关部门提出部门或公司管理的问题和建议。养成了良好的习惯，你就不会再为工作中出现的问题而沮丧，甚至可以在工作中学会大量的解决问题的技巧，这样借口就会离你越来越远，而成功就会离你越来越近。千万不要让寻找借口成为你的习惯，就从现在开始，在工作中，在生活中，杜绝任何一次寻找借口的行为吧！

思想影响态度，态度影响行动，一个不找任何借口的员工，肯定是一个执行力很强的员工。可以说，工作就是不找任何借口地去执行。

# 6. 执行，不找任何借口

> 没有任何借口是执行力强的表现，无论做什么事情，
> 都要记住自己的责任，无论在什么样的工作岗位，都要
> 对自己的工作负责。工作就是不找任何借口地去执行。

一支部队、一个团队，或者是一名战士或员工，要完成上级交付的任务就必须具有强有力的执行力。接受了任务就意味着做出了承诺，而兑现不了自己的承诺是不应该找任何借口的。可以说，没有任何借口是执行力强的表现，这是一种很重要的思想，体现了一个人对自己的职责和使命的态度。思想影响态度，态度影响行动，一个不找任何借口的员工，肯定是一个执行力很强的员工。可以说，工作就是不找任何借口地去执行。

如果不把西点军校仅仅看做一所陆军学校的话，我们很快就会发现，西点军校的很多训练方法和思想应用于企业特别有效。比如在西点军校，军官向学员下达指令时，学员必须重复一遍军官的指令，然后军官问道："有什么问题吗？"学员通常的回答只能是："没有，长官。"学员的回答就是做出承诺，就是接受了军官赋予的责任和使命。就连站军姿、行军礼等千篇一律的训练，都无一不是在培养学员的意志力、责任心和自制力。在这样的训练中，西点军校的文化慢慢渗透到了每一个学员的思想深处。它无时无刻不在激励着你，让你总是具有饱满的热情和旺盛的斗志。

喜欢足球的朋友都知道，德国国家足球队向来以作风顽强著称，

因而在世界赛场上成绩斐然。德国足球成功的因素有很多，其中有一点我特别看重，那就是德国队队员在贯彻教练的意图、完成自己位置所担负的任务方面执行得非常到位，即使在比分落后或全队困难时也一如既往，没有任何借口。你可以说他们死板、机械，也可以说他们没有创造力，不懂足球艺术。但成绩说明一切，至少在这一点上，作为足球运动员，他们是优秀的，因为他们身上流淌着执行力文化的特质。无论是足球队还是企业，一个团队、一名队员或员工，如果没有完美的执行力，就算有再多的创造力也可能没有什么好的成绩。

我不是足球爱好者，但我是铁杆的橄榄球迷。文斯·隆巴迪，美国橄榄球运动史上一位伟大的橄榄球队教练，我是他长期的崇拜者。在文斯·隆巴迪的带领下，美国绿湾包装工队成了美国橄榄球史上最令人惊异的球队，创造出了令人难以置信的成绩。看看文斯·隆巴迪的言论，能从另一个方面让我们对执行力有更深刻的理解。

文斯·隆巴迪告诉他的队员："我只要求一件事，就是胜利。如果不把目标定在非胜不可，那比赛就没有意义了。不管是打球、工作、思想，一切的一切，都应该'非胜不可'。"

"你要跟我工作，"他坚定地说，"你只可以想三件事：你自己、你的家庭和球队，按照这个先后次序。"

"比赛就是不顾一切。你要不顾一切拼命地向前冲。你不必理会任何事、任何人，接近得分线的时候，你更要不顾一切。没有东西可以阻挡你，哪怕是战车或一堵墙，或者是对方有11个人，都不能阻挡你，你要冲过得分线！"

无论做什么事情，都要记住自己的责任，无论在什么样的工作岗位上，都要对自己的工作负责。不要用任何借口来为自己开脱或搪塞，完美的执行是不需要任何借口的。

正是有了这种坚强的意志和顽强的信心，绿湾包装工队的队员们拥有了完美的执行力。在比赛中，他们的脑海里除了胜利还是胜利。对他们而言，胜利就是目标，为了目标，他们奋勇向前，锲而不舍，没有抱怨，没有畏惧，没有退缩，不找任何借口。他们是所有雇员的榜样。

巴顿将军在他的战争回忆录《我所知道的战争》中曾写到这样一个细节：

"我要提拔人时常把所有的候选人排到一起，给他们提一个我想要他们解决的问题。我说：'伙计们，我要在仓库后面挖一条战壕，8英尺（约2.4米）长，3英尺（约0.9米）宽，6英寸（约0.2米）深。'我就告诉他们那么多。我有一个有窗户或有大节孔的仓库。候选人正在检查工具时，我走进仓库，通过窗户或节孔观察他们。我看到伙计们把锹和镐都放到仓库后面的地上。他们休息几分钟后开始议论我为什么要他们挖这么浅的战壕。他们有的说6英寸深还不够当火炮掩体。有的人争论说，这样的战壕太热或太冷。最后，有个伙计对大家下命令：'让我们把战壕挖好后离开这里吧。那个老畜生想用战壕干什么都没关系。'"

最后，巴顿写道："那个伙计得到了提拔。我必须挑选不找任何借口地完成任务的人。"

无论什么工作，都需要这种不找任何借口去执行的人。对我们而言，无论做什么事情，都要记住自己的责任，无论在什么样的工作岗位上，都要对自己的工作负责。不要用任何借口来为自己开脱或搪塞，完美的执行是不需要任何借口的。

没有任何借口

# 7. 任何理由，实际上都是用来欺骗自己的

所谓的理由，表面上看起来可以让一个人减轻自己未能完成任务的内疚感，但实际上，这种通过不断寻找理由和借口的行事作风，到头来会欺骗他自己：所有的责任都不在我，这不是我的错，如果条件允许我会做得更好……

如果总是被借口包围，一个人的世界观也会随之变得麻木，不停地欺骗自己：是的，我原本就不可以……

所谓的理由，表面上看起来可以让一个人减轻自己未能完成任务的内疚感，但实际上，这种通过不断寻找理由和借口的行事作风，到头来会欺骗他自己：所有的责任都不在我，这不是我的错，如果条件允许我会做得更好……

强调理由、寻找借口，也会上瘾。不少喜欢寻找借口的人，都会在潜移默化中习惯性地为自己开脱责任。这样的做法会在很大程度上让一个人相信自己"原本就无能为力"的现状，而最终吃亏受批评的，只能是他自己。

杰若米·布鲁铎斯年幼的时候，是一个非常喜欢搞恶作剧的孩子。他总是喜欢欺负那些和自己年龄相仿的女孩子，而且并没有为此受到家长的批评。在他妈妈的眼中，自己的儿子只不过是在玩游戏罢了。

布鲁铎斯第一次犯案的时候只有13岁，他拿着一把刀威逼一名比自己年纪小的女孩走到他家的仓库

里。之后，布鲁铎斯便命令女孩脱掉衣服，然后对其拍照。后来，布鲁铎斯又得意扬扬地把小女孩关在仓库里，自己回屋换上另外一身衣服，更换一副造型，回到仓库对小女孩说："我是杰若米的孪生兄弟艾德。他的神经有些不正常，他没有把你怎么样吧？"

心有余悸的女孩子讲出了照片的事情。布鲁铎斯就马上取出相机，删除那些照片。之后，他再对受害者说："杰若米其实不是一个坏人，况且他也没有对你做什么。现在照片都没有了，你也不会将这件事说给大人的，是吧？"

很不幸，布鲁铎斯的第一个"猎物"根本没有相信他的鬼话，将这件事告诉了自己的父母。为此，双方家长发生了争执。出人意料的是，在问清楚事情的来龙去脉之后，布鲁铎斯的妈妈立即站到儿子一边。她的理由就是，自己的孩子只不过是在玩一场游戏，并没有什么恶意："你看看他，他才13岁，他能做出什么伤天害理的坏事来呢？至于玩相机，我认为他是在模仿大人，只是为了好玩罢了。"在布鲁铎斯妈妈口中，自己的儿子什么都没有做："他没有碰你们的女儿，这是事实，对吧？他只是一个小孩子，他那样做和邻家大哥哥照看小女孩上厕所一样，再正常不过了。"

就这样，在家长的保护之下，布鲁铎斯什么责罚都没有受，他也逐渐开始为自己推脱责任。在随后的一段时间里，还有不少女孩子都遭受了同样的命运，但是布鲁铎斯每一次都辩解说，自己只是在玩游戏，模仿电影里面的场景。

说谎的最高境界就是，从一个人口中说出来的谎话，经由他人口口相传，绕一个圈后竟然骗了他自己，以至于他本人都以为，这个由自己编造的谎言是真实存在的。布鲁铎斯就是这样，只要做下类似的恶行，他都会找借口说"那是自己在和同伴玩游戏"。随着年龄的增长，布鲁铎斯的行径越来越出格，终于犯下了重罪，锒铛入狱。

在接受审讯的时候，警方试图从他的童年寻找原因。这样一来，布鲁铎斯早年的那些行为就成了专家研究的重点。但是布鲁铎斯一口咬定，自己从来都没有过要侵害他人的想法，那只是他年少时的无聊游戏罢了。一开始，警方运用了测谎系统，发现布鲁铎斯并没有说假话，但是心理学家经过分析之后，查出了真相。

长久的借口，最后反过头来欺骗了布鲁铎斯自己，他也渐渐相信，自己真的就是在和别人开玩笑。布鲁铎斯已经不再觉得自己是在信口雌黄了，他甚至认为是别人欺骗了他。

犯了错误就需要承担责任，布鲁铎斯和自己的母亲都做了一件自欺欺人的事。为了化解矛盾，他们找出各种借口抵挡人们的质疑，到最后甚至连他们自己也相信谎言了。在很多时候，那些所谓的借口不光会麻痹对方，到头来还会麻痹说谎者自己。这实际上是人的潜意识在起作用。如同那个有名的"跳蚤实验"一样，人们一开始在瓶子上面盖了一块透明的玻璃，不明就里的跳蚤为了逃离困境，不断地跃起往上蹦，结果一次又一次地被挡了回去。三个月之后，实验者拿走了玻璃，跳蚤再也不往外蹦了，在它看来，上面有一道看不见的"墙"，自己是无论如何都跳不出去的。

假如当初布鲁铎斯及时悔过自新，不找借口掩盖自己的罪行的话，他后来的人生轨迹或许也就可以改变了。正是"犯错—找理由—自我麻醉—继续犯错"这样的循环往复，将他拖入了堕落的深渊。

生理学家还证实，如果很多感官知觉长时间处于休眠状态，就会渐渐失去原有的功效。找借口、找理由会麻痹一个人的大脑，直到最后将其带进休眠状态。可以说，总是寻找借口，会从一定程度上伤害到这个人原本具有的能力。实际上，找借口、找理由就是自欺欺人的表现，是极其不可取的。

在很多时候，那些所谓的借口不光会麻痹对方，到头来还会麻痹说谎者自己。这实际上是人的潜意识在起作用。

# II

# 服从，行动的第一步

# 1. 视服从为美德

服从，在西点人的观念中是一种美德。每一位员工都必须服从上级的安排，就如同每一个军人都必须服从上司的指挥一样。服从是行动的第一步。一个团队，如果下属不能无条件地服从上司的命令，那么在达成共同目标时，则可能产生障碍；反之，则能发挥出超强的执行能力，使团队胜人一筹。

"所有学员请注意：5 分钟内集合，进行午间操练。请在野战夹克里面套上作战服。"现在是上午 11 点 55 分，天气寒冷。在哈得逊河的一个河湾的上空，北风呼啸。北风穿过西点平原，冲击着美国陆军军官学校 6 层楼高的花岗石堡垒。

"离午间操练的集合时间还有 4 分钟。"营房里的新生站立着，严阵以待，计算着离规定的餐前集合还有几分钟。在营房的过道，每隔 50 英尺（约 15 米）就有一座钟，看时间很方便。

学员们迅速拥向营房之间铺着柏油的大操场。一年四季，他们每天都要至少两次集合操练。"站好队！"一声令下，一群松散的人顿时排成整齐的队形——每个方阵是一个排，四个排组成一个连，四个连编成一个营，而两个营编为一个团。"立正！"所有人立即目视前方。

这就是西点军校的列队。列队是西点军校的必修课，可以称之为点名的简单操练：从排长开始一级级向上汇报到队学员的数目。当然，列队的意义远不止于此。学员们以此种方式聚在这里，200多年来天天如此。更重要的是，列队暗示了服从是第一位的：这里，个人要服从整体，服从部队。

服从，在西点人的观念中是一种美德。在西点军校，即使是立场最自由的旁观者，都相信一个观念，那就是"不管叫你做什么都照做不误"，这样的观念就是服从的观念。西点人认为，军人必须以服从为第一要义，学不会服从，不养成服从观念，就不能在军队中立足。1945年6月30日，在准备装入"201档案"的巴顿将军工作能力报告时，布莱德雷将军给巴顿写了一句不同寻常而又合情合理的评语："他总是乐于并且全力支持上级的计划，而不管他自己对这些计划的看法如何。"

西点人认为，服从是自制的一种形式。西点军校要求每一个学员都去深刻体验身为一个伟大机构的一分子——即使是很小的一分子，具有什么样的意义。

西点军校的每一分子，对于个人的权威止于何处，团体的权威又始于何处，都会有清楚的认识。对西点人来讲，对当权者的服从是百分之百的正确。因为他们认为，西点军校所造就的人才是从事战争的人，这种人要执行作战命令，要带领士兵向设有坚固防御之敌进攻，没有服从就不会有胜利。

威廉·拉尼德对此做了非常生动的描述："上司的命令，好似大炮发射出的炮弹，在命令面前你无理可言，必须绝对服从。"一位西点上校讲得更为精彩："我们不过是枪里的一颗子弹，枪就是整个美国社会，枪的扳机由总统和国会来扣动，是他们发射我们。"曾有人说，黑格将军之所以被尼克松看中，就是因为他的服从精神和严守纪律的品格。需要他发表意见的时

西点人认为，军人必须以服从为第一要义，学不会服从，不养成服从观念，就不能在军队中立足。

西点人认为，服从是自制的一种形式。西点军校要求每一个学员都去深刻体验身为一个伟大机构的一分子——即使是很小的一分子，具有什么样的意义。

候，坦而言之，尽其所能；对上司已做了决定的事情，就要坚决服从，努力执行，绝不表现自己的小聪明。

这就是西点军校对学员的训诫和要求。西点军校为什么要这样做呢？请看一看一位毕业于西点军校的将军给一位西点学员的父亲的信：

"为什么我们让这些孩子经受4年斯巴达式的教育？他们住在冷冰冰的兵营，上午9点30分之前不能往垃圾桶里倒垃圾，水池必须始终干净，不堵塞。制定如此多的规定和规则，为什么？

"因为一旦毕业，他们将被要求全无私心。在军队的这么多时间内，他们将要吃苦，将在圣诞节远离家庭，将在泥地上睡觉。这份工作有许许多多的东西让他们把自我利益放在次要地位——因此，他们必须习惯这样。"

背上有痒不能抓，这有什么好处呢？西点学员知道，军人就是要连背痒都能忍得住。

如果一支部队里士兵都在左摇右晃拼命抓痒，还能称得上是训练有素的部队吗？

商场如战场。服从的观念在企业界同样适用。每一位员工都必须服从上级的安排，就如同每一个军人都必须服从上司的指挥一样。大到一个国家、军队，小到一个企业、部门，其成败很大程度上取决于是否完美地贯彻了服从的观念。

服从是行动的第一步，处在服从者的位置上，就要遵照指示做事。服从的人必须暂时放弃个人的独立自主，全心全意去遵循所属机构的价值观念。一个人在学习服从的过程中，对其机构的价值观念、运作方式才会有更透彻的了解。

当然，西点军校的训诫和要求是从军事指挥的角度来制定的，在企业中不能机械地照搬。而且，并不是所有上司的指令都正确，上司也会犯错误。但是，一个高效的企业必须有良好的服从观念，一个优秀的员工也必须有服从意识。因为上司的地位、责任使他有权发号施令；同时上司的权威、整体的利益，不允许部属抗令而行。

一个团队，如果下属不能无条件地服从上司的命令，那么在达成共同目标时，则可能产生障碍；反之，则能发挥出超强的执行能力，使团队胜人一筹。

曾有一位著名的田径教练，每当见到运动员，便苦口婆心地劝他们把头发剪短。据说，他的理由是：问题并不在于头发的长短，而是在于他们是否服从教练。

可见，纵然不懂教练的意图，但不找借口地服从，这才是教练所期望的好选手。同样，不找借口地服从并执行，这才是企业所期望的好员工。

大到一个国家、军队，小到一个企业、部门，其成败很大程度上取决于是否完美地贯彻了服从的观念。

# 2. 说谎是罪恶之一

说谎话的人是不诚实的人，不诚实的人是很危险的。因为不诚实，所以不能够与人相处长久，不具有合作与团队精神，更不能实现自己幸福和成功的愿望。"不找任何借口"就是对说谎和欺骗的否定和排斥。因为"不找任何借口"，便不会为了找借口而说谎和欺骗；而不说谎和诚实会让人变得强大而高贵。

西点军校对诚实十分重视，认为说谎是罪恶之一。新学员一入学，就要接受长达16个小时的《荣誉守则》教育。西点军校的《荣誉守则》非常简短、直接和肯定，第一点就是不许说谎："西点学生绝不说谎、欺骗或偷窃，也不容许他人有如此行为。"除此之外，西点军校对说谎问题还有如下一些规定。

学员的每句话都必须是确切无疑的。他们的口头或书面陈述必须保证真实性。故意欺骗或哄骗的口头或书面陈述都是违背《荣誉守则》的。

西点军校认为：个人签名或姓名的首字母肯定了一种书面信息。学员在文件上签名就正式表明：就他所知，文件是真实的、准确的，否则就不会签上高贵的名字。

西点军校还认为：一个人不单单在军队中应该诚实可靠，在任何其他环境中也应该保持这种品格。

同时，西点军校还要求学员不但不能对别人说谎，也不能对自

没有任何借口

己说谎。只有这样，才是一个真正不说谎的人。

可以说，西点军校关于诚实和不许说谎的标准比美国国家标准还要高一层。举例来说，一个学员走在走廊上，突然碰到军官问他："你早上刮胡子了吗？"问题提得太过突然，但是他必须立刻回答，一刹那，他脑海中浮现出自己一脸泡沫的样子，于是回答说："报告长官，是。"实际上，他想起来的情景是前一天刮胡子的情景。这是无心之错，不能叫说谎。但军官还是希望他能承认错误。因为西点军校认为，如果一个人无法面对自己的错误，无法为自己的错误负责，将来就更有可能故意说错，这就是说谎了。而且会自圆其说，并认为这样做理所当然。

正是这样的严格要求和训练让西点军校的学员受益匪浅，他们在许多领域，尤其是在商界，取得了令人瞩目的成就。西点军校让学员们明白，只有诚实，才能长久。不为利动，没有私心，在任何情形下都言行一致的美誉，其价值比从欺骗中得来的利益大过千倍。西点军校关于诚实和不说谎的理论同样适用于商界，适用于企业，适用于每一位员工。

但是，在现实生活中，许多人认为欺骗、说谎话是一种有利可图的事。他们以为欺骗的手段是很值得使用的，他们也许并不正面说谎、欺骗，他们平常也许愿意站在正直的一方面，但是一旦关系到自己的利益时，他们就要离开正直，就会不说正直话，不做正直事了。

"不找任何借口"就是对说谎和欺骗的否定和排斥。因为"不找任何借口"，便不会为了找借口而说谎和欺骗；不说谎和诚实会让人变得强大而高贵。天下没有一种广告能比诚实不欺、言行可靠的美誉更能取

服从是行动的第一步，处在服从者的位置上，就要遵照指示做事。服从的人必须暂时放弃个人的独立自主，全心全意去遵循所属机构的价值观念。一个人在学习服从的过程中，对其机构的价值观念、运作方式才会有更透彻的了解。

得他人的信任。一个言行诚实的人，因为有正义公理作为后盾，所以能够毫不畏缩地面对世界。而一个骗人的人，却会在内心听到这种声音："我在说谎话，我不是一个诚实的人；我是一个卑污者，一个戴假面具者。"

说谎话的人是不诚实的人，不诚实的人是很危险的。因为不诚实，所以不能够与人相处长久，不具有合作与团队精神，更不能实现幸福和成功的愿望。一个经常说谎、不诚实的人会受到内心的谴责，他没有力量可以压制住这种谴责。

# 3. 纪律——敬业的基础

当你的企业和员工都具有强烈的纪律意识，在不允许妥协的地方绝不妥协，在不需要借口时绝不找任何借口——比如质量问题、对工作的态度等，你会猛然发现，工作因此会有一个崭新的局面。

一个团结协作、富有战斗力和进取心的团队，必定是一个有纪律的团队。同样，一个积极主动、忠诚敬业的员工，也必定是一个具有强烈纪律观念的员工。可以说，纪律，永远是忠诚、敬业、创造力和团队精神的基础。对企业而言，没有纪律，便没有了一切。

西点军校非常注重对学员进行纪律锻炼。为保障纪律锻炼的实施，西点军校有一整套详细的规章制度和惩罚措施。比如，如果学员违反军纪军容，校方通常惩罚他们身着军装，肩扛步枪，在校园内的一个院子内正步绕圈走，少则几个小时，多则几十个小时。关于这方面的轶事，在西点军校里随处可见。

据说，艾森豪威尔到西点军校不久，就因为他的自由散漫而赢得了"操场上的小鸡"的头衔。原因是艾森豪威尔经常不得不接受惩罚，像小鸡在田间来回走动一样在操场上来回走正步，只是不如小鸡那样自由罢了。

西点军校还认为：一个人不单单在军队中应该诚实可靠，在任何其他环境中也应该保持这种品格。同时，西点军校还要求学员不但不能对别人说谎，也不能对自己说谎。只有这样，才是一个真正不说谎的人。

可以说，西点军校关于诚实和不许说谎的标准比美国国家标准还要高一层。

纪律锻炼主要是在新生入学后的第一年完成。西点军校认为，通过纪律锻炼，可以迫使一个人学会在艰苦条件下怎样工作与生活。比如日常的着装训练，高班级学员管低年级学生。比如，一会儿下令集合站队，一会儿又指令新生返回宿舍换穿白灰组合制服（即白衬衣加上灰裤子），限定在5分钟内返回原地并报告"做好检查准备"。接着班长又一次下命令，换上学员灰制服。在整个过程中，必须无条件地完成指令，不得有任何借口。

这样的训练整整持续一年，纪律观念由此深深地根植于每个人的大脑中。同时，与之而来的，却是每个人强烈的自尊心、自信心和责任感，这是一些让人受益终身的精神和品质。

著名经理人森格罗回忆道："在西点军校，我接受了关于纪律的严格训练，它帮助我成为一名合格的陆军指挥官。在后来为企业服务的职业生涯中，我成功地把这种纪律观念灌输给我的每一个下属，它又帮助我获得了不凡的成功。我发现，纪律的作用和重要性，比人们通常所想象的还要大。"

当你的企业和员工都具有强烈的纪律意识，在不允许妥协的地方绝不妥协，在不需要借口时绝不找任何借口时，比如质量问题、对工作的态度等，你会猛然发现，工作因此会有一个崭新的局面。正如伟大的巴顿将军所说：

"我们不可能等到2018年再开始训练纪律性，因为德国人早就这样做了。你必须做个聪明人：动作迅速、精神高涨、自觉遵守纪律，这样才不至于在战争到来的前几天为生死而忧心忡忡。你不该在思虑后去行动，而是应该尽可能地先行动，再思考——在战争后思考。只有纪律才能使你所有的努力、所有的爱国之心不致白费。没有纪律就没有英雄，你会毫无意义地死去。有了纪律，你才真正的不可抵挡。"

对企业和员工而言，敬业、服从、协作等精神永远都比任何东西重要。但我们相信，这些品质不是员工与生俱来的，不会有谁是天生不找任何借口的好员工。所以，对他们进行培训和灌输显得尤为重要，就像西点军校不断要求学员的着装和仪表一样，最后是要让所有的人都明白："纪律只有一种，这就是完善的纪律。"

还是来看看伟大的巴顿将军的例子吧。乔治·福蒂在《乔治·巴顿的集团军》中写道：

1943年3月6日，巴顿临危受命为第2军军长。他带着严格的铁的纪律驱赶第2军就像"摩西从阿拉特山上下来"一样。他开着汽车转到各个部队，深入营区。每到一个部队都要训话，诸如领带、护腿、钢盔和随身武器及每天刮胡须之类的细则都要严格执行。巴顿由此可能成为美国历史上最不受欢迎的指挥官。但是第2军发生了变化，它不由自主地变成了一支顽强、具有荣誉感和战斗力的部队……

巴顿可以说是美国历史上个性最强的四星上将，但他在纪律问题上，对上司的服从上，态度毫不含糊。他深知，军队的纪律比什么都重要，军人的服从是职业的客观要求。他认为："纪律是保持部队战斗力的重要因素，也是士兵们发挥最大潜力的基本保障。所以，纪律应该是根深蒂固的，它甚至比战斗的激烈程度和死亡的可怕性质还要强烈。""纪律只有一种，这就是完善的纪律。假如你不执行和维护纪律，你就是潜在的杀人犯。"巴顿如此认识纪律，如此执行纪律，并要求部属也必须如此，这是他成就事业的重要因素之一。

被人认为有些粗鲁的巴顿并不是强硬的命令者。他从不满足于运筹帷幄和发号施令，他经常深入基层和前线考察，听取部属意见，而且身先士卒，让部队感受到统帅就在他们中间，从而愿意听从他的命令，愿意服从他的指挥。

严格要求和训练让西点军校的学员受益匪浅，他们在许多领域，尤其是在商界，取得了令人瞩目的成就。

只有诚实，才能长久。不为利动，没有私心，在任何情形下都言行一致的美誉，其价值比从欺骗中得来的利益大过千倍。

# 4. 对立情绪要不得

只要你还是某一机构中的一员，就应当抛开任何借口，投入自己的忠诚和责任心。一荣俱荣，一损俱损！将身心彻底融入公司，尽职尽责，处处为公司着想，对投资人承担风险的勇气报以钦佩，理解管理者的压力，那么任何一个老板都会视你为公司的栋梁。

在这样一个竞争的时代，谋求个人利益、自我实现是天经地义的。但是，遗憾的是很多人没有意识到个性解放、自我实现与忠诚和敬业并不是对立的，而是相辅相成、缺一不可的。许多年轻人以玩世不恭的姿态对待工作，他们频繁跳槽，觉得自己工作是在出卖劳动力；他们蔑视敬业精神，嘲讽忠诚，将其视为老板盘剥、愚弄下属的手段。他们认为自己之所以工作，不过是迫于生计的需要。

我曾为了三餐而替人工作，也曾当过老板，我知道这两方面的种种甘苦。贫穷是不好的，贫苦是不值得推介的，但并非所有的老板都是贪婪者、专横者，就像并非所有的人都是善良者一样。

对于老板而言，公司的生存和发展需要员工的敬业和服从；对于员工来说，需要的是丰厚的物质报酬和精神上的成就感。从表面上看，彼此之间存在着对立性，但是，在更高的层面，两者又是和谐统一的。公司需要忠诚和有能力的员工，业务才能进行；员工必须依赖公司的业务平台才能发挥自己的聪明才智。

为了自己的利益，每个老板只会保留那些最佳的员工，即那些能够把"信"带给加西亚的人，那些能够忠实地完成上司交付的任务而没有任何借口和抱怨的人。同样，也是为了自己的利益，每个员工都应该意识到自己与公司的利益是一致的，并且全力以赴努力去工作。只有这样，才能获得老板的信任，并最终获得自己的利益。

许多公司在招聘员工时，除了能力以外，个人品行是最重要的评估标准。没有品行的人不能用，也不值得培养，因为他们根本无法将"信"带给加西亚。因此，如果你为一个人工作，如果他付给你薪水，那么你就应该真诚地、负责地为他干，称赞他、感激他，支持他的立场，和他所代表的机构站在一起。

也许你的上司是一个心胸狭隘的人，不能理解你的真诚，不珍惜你的忠心，那么也不要因此而产生抵触情绪，将自己与公司和上司对立起来。不要太在意上司对你的评价，他们也是有缺点的普通人，也可能因为太主观而无法对你做出客观的判断，这个时候你应该学会自我肯定。只要你竭尽所能，做到问心无愧，你的能力一定会得到提高，你的经验一定会丰富起来，你的心胸就会变得更加开阔。

"老板是靠不住的！"这种说法也许并非没有道理，但是，这并不意味着老板和员工从本质上就是对立的。情感需要依靠理智才能保持稳定。老板和员工的关系也只有建立在一种制度上才能和谐统一。在一个管理制度健全的企业中，所有员工升迁都是凭借个人努力得来的。想摧毁一个组织的士气，最好的方式就是制造"只有玩手段才能获得晋升"的工作气氛。管理完善的公司升迁渠道通畅，有实力的人都有公平竞争的机会，只有这样，员工才会觉得自己是公司的主人，才会觉得自己与公司完全是一体的。

说谎话的人是不诚实的人，不诚实的人是很危险的。

一个团结协作、富有战斗力和进取心的团队，必定是一个有纪律的团队。同样，一个积极主动、忠诚敬业的员工，也必定是一个具有强烈纪律观念的员工。

因此，员工和老板是否对立，既取决于员工的心态，也取决于老板的做法。聪明的老板会给员工公平的待遇，而员工也会以自己的忠诚予以回报。如果你是老板，一定会希望员工能和自己一样，将公司当成自己的事业，更加努力，更加勤奋，更加积极主动。因此，当你的老板向你提出这样的要求时，请不要拒绝他。

绝大多数人都必须在一个社会机构中奠基自己的事业生涯。只要你还是某一机构中的一员，就应当抛开一切借口，投入自己的忠诚和责任心。一荣俱荣，一损俱损！将身心彻底融入公司，尽职尽责，处处为公司着想，对投资人承担风险的勇气报以钦佩，理解管理者的压力，那么任何一个老板都会视你为公司的栋梁。

有人曾说过，一个人应该永远同时从事两份工作：一份是目前所从事的工作；另一份则是真正想做的工作。如果你能将该做的工作做得和想做的工作一样认真，那么你一定会成功，因为你在为未来做准备，你正在学习一些足以超越目前职位，甚至成为老板或老板的老板的技巧。当时机成熟时，你已准备就绪了。

当你精熟了某一项工作，别陶醉于一时的成就，赶快想一想未来，想一想现在所做的事有没有改进的余地？这些都能使你在未来取得更长足的进步。尽管有些问题属于老板考虑的范畴，但是如果你考虑了，说明你正朝老板的位置迈进。

如果你是老板，你对自己今天所做的工作完全满意吗？别人对你的看法也许并不重要，真正重要的是你对自己的看法。

回顾一天的工作，扪心自问："我是否付出了全部精力和智慧？"

以老板的心态对待公司，你就会成为一个值得信赖的人，一个老板乐于雇用的人，一个可能成为老板的得力助手的人。

更重要的是，你能心安理得地入眠，因为你清楚自己已全力以赴，已完成了自己所设定的目标。

一个将企业视为己有并尽职尽责完成工作的人，会得到工作给他的最高奖赏。这样的奖赏可能不是今天、下星期甚至明年就会兑现，但他一定会得到奖赏，只不过表现的方式不同而已。当你养成习惯，将公司的资产视为自己的资产一样爱护，你的老板和同事都会看在眼里。我相信，这样的员工在任何一家公司都是受欢迎的。

不要感慨自己的付出与受到的肯定和获得的报酬不成正比，不要总是觉得自己得不到理想的工资，不能获得上司的赏识。这样的情绪是产生借口的温床。记得提醒自己：你是在自己的公司里为自己做事，你的产品就是你自己。

对立情绪要不得，以老板的心态对待公司，这是许多大企业正在倡导的一种企业文化。试想一下，假设你是老板，你自己是那种你喜欢雇用的员工吗？

对企业和员工而言，敬业、服从、协作等精神永远都比任何东西重要。但我们相信，这些品质不是员工与生俱来的，不会有谁是天生不找任何借口的好员工。

# 5. 工作中无小事

> 每个人所做的工作，都是由一件件小事构成的，但不能因此而对工作中的小事敷衍应付或轻视懈怠。记住，工作中无小事。所有的成功者，他们与我们都做着同样简单的小事，唯一的区别就是，他们从不认为他们所做的事是简单的小事。

西点军校的教育和后来的军旅生活告诉从西点军校毕业的学员们一个非常重要的道理：战场上无小事。很多时候，一件看起来微不足道的小事，或者一个毫不起眼的变化，却能改变一场战争的胜负。战场上无小事，这就要求每一位军官和士兵始终保持高度的注意力和责任心，始终具有清醒的头脑和敏锐的判断力，能够对战场上出现的每一个变化、每一件小事迅速做出准确的反应和决断。"战场上无小事"也同样适用于企业，适用于企业的每一位员工，因为，在工作中也没有小事。

希尔顿饭店的创始人、世界旅馆业之王康拉德·希尔顿就是一个注重"小事"的人。康拉德·希尔顿要求他的员工："大家牢记，万万不可把我们心里的愁云摆在脸上！无论饭店本身遭到何等的困难，希尔顿服务员脸上的微笑永远是顾客的阳光。"正是这小小的永远的微笑，让希尔顿饭店的身影遍布世界各地。

其实，每个人所做的工作，都是由一件件小事构成的。士兵每天所做的工作就是队列训练、战术操练、巡逻、擦拭枪械等小事；饭店的服务员每天的工作就是对顾客微笑、回答顾客的提问、打扫房间、整理床单等小事；你每天所做的可能就是接听电话、整理报表、绘制图纸之类的小事。你是否对此感到厌倦、毫无意义而提不起精神？你是否因此而敷衍应付，心里有了懈怠？这不能成为你的借口。请记住：这就是你的工作，而工作中无小事。要想把每一件事做到完美，就必须付出你的热情和努力。

美国标准石油公司曾经有一位小职员叫阿基勃特。他在出差住旅馆的时候，总是在自己签名的下方，写上"每桶4美元的标准石油"字样，在书信及收据上也不例外，签了名，就一定写上那几个字。他因此被同事叫做"每桶4美元"，而他的真名倒没有人叫了。

公司董事长洛克菲勒知道这件事后说："竟有职员如此努力宣扬公司的产品，我要见见他。"于是邀请阿基勃特共进晚餐。

洛克菲勒卸任后，阿基勃特成了第二任董事长。

在签名的时候署上"每桶4美元的标准石油"，这算不算小事？严格来说，这件小事还不在阿基勃特的工作范围之内。但阿基勃特做了，并坚持把这件小事做到了极致。那些嘲笑他的人中，肯定有不少人才华、能力在他之上，可是最后，只有他成了董事长。

还有一些人因为事小而不愿去做，或抱有一种轻视的态度。有这么一个故事，据说，在开学第一天，苏格拉底对他的学生们说："今天咱们只做一件事，每个人尽量把胳臂往前甩，然后再往后甩。"说着，他做了一遍示范。

"从今天开始，每天做300下，大家能做到吗？"

为了自己的利益，每个老板只会保留那些最佳的职员，那些能够忠实地完成上司交付的任务而没有任何借口和抱怨的人。

为了自己的利益，每个员工都应该意识到自己与公司的利益是一致的，并且全力以赴努力去工作。只有这样，才能获得老板的信任，并最终获得自己的利益。

学生们都笑了，这么简单的事，谁做不到？可是一年之后，苏格拉底再问的时候，全班却只有一个学生坚持下来。这个人就是后来的大哲学家柏拉图。

"这么简单的事，谁做不到？"这正是许多人的心态。但是，请看看吧，所有的成功者，他们与我们都做着同样简单的小事，唯一的区别就是，他们从不认为他们所做的事是简单的小事。

成功不是偶然的，有些看起来很偶然的成功，实际上我们看到的只是表象。正是对一些小事情的处理方式，已经昭示了成功的必然。无论是"每桶4美元"还是"把胳臂往前甩"，它们都要求人们必须具备一种锲而不舍的精神，一种坚持到底的信念，一种脚踏实地的务实态度，一种自动自发的责任心。小事如此，大事亦然。

没有任何借口

# 6. 记住，这是你的工作

绝大多数人都必须在一个社会机构中奠基自己的事业生涯。只要你还是某一机构中的一员，就应当抛开一切借口，投入自己的忠诚和责任心。

记住，这是你的工作！既然你选择了这个职业，选择了这个岗位，就必须接受它的全部，而不仅仅只是享受它给你带来的益处和快乐。就算是屈辱和责骂，那也是这个工作的一部分。如果一个清洁工人不能忍受垃圾的气味，他能成为一个合格的清洁工吗？

美国独立企业联盟主席杰克·法里斯曾讲起他少年时的一段经历。

在杰克·法里斯 13 岁时，他开始在他父母的加油站工作。那个加油站里有三个加油泵、两条修车地沟和一间打蜡房。法里斯想学修车，但父亲让他在前台接待顾客。

当有汽车开进来时，法里斯必须在车子停稳前就站到司机门前，然后忙着去检查油量、蓄电池、传动带、胶皮管和水箱。法里斯注意到，如果他干得好，顾客大多还会再来。于是，法里斯总是多干一些，帮助顾客擦去车身、挡风玻璃和车灯上的污渍。

有段时间，每周都有一位老太太开着她的车来清洗和打蜡。这辆车的车内地板凹陷极深，很难打扫。而且，这位老太太极难打交道，每次当法里斯给她把车准备好时，她都要再仔细检查一遍，让法里斯重新打扫，直到清除掉每一缕棉绒和每一粒灰尘她才满意。

终于，有一次，法里斯实在忍受不了了，他不愿意再侍候她了。法里斯回忆道，他的父亲告诫他说："孩子，记住，这是你的工作！不管顾客说什么或做什么，你都要记住做好你的工作，并以应有的礼貌去对待顾客。"

父亲的话让法里斯深受震动，法里斯说道："正是在加油站的工作使我学到了严格的职业道德和应该如何对待顾客。这些东西在我以后的职业经历中起到了非常重要的作用。"

"记住，这是你的工作！"我认为，应该把这句话告诉给每一个员工。

对那些在工作中推三阻四，总是抱怨，寻找种种借口为自己开脱的人；对那些不能最大限度地满足顾客的要求，不想尽力超出客户预期提供服务的人；对那些没有激情，总是推卸责任，不知道自我批判的人；对那些不能优秀地完成上级交付的任务，不能按期完成自己的本职工作的人；对那些总是挑三拣四，对自己的公司、老板、工作这不满意，那不满意的人，最好的救治良药就是：端正他的坐姿，然后面对他，大声而坚定地告诉他："记住，这是你的工作！"

记住，这是你的工作！既然你选择了这个职业，选择了这个岗位，就必须接受它的全部，而不仅仅只是享受它给你带来的益处和快乐。就算是屈辱和责骂，那也是这个工作的一部分。

如果一个清洁工人不能忍受垃圾的气味，他能成为一个合格的清洁工吗？

记住，这是你的工作！不要忘记工作赋予你的荣誉，不要忘记你的责任，不要忘记你的使命。一个轻视工作的人，必将得到严厉的惩罚。

记住，这是你的工作！美国前教育部长威廉·贝内特曾说："工作是需要我们用生命去做的事。"对于工作，我们又怎能去懈怠它、轻视它、践踏它呢？我们应该怀着感激和敬畏的心情，尽自己的最大努力，把它做到完美。

除非你不想干了，或你已垂垂暮年，否则，你没有理由不认真对待自己的工作。当我们在工作中遇到困难时，当我们试图以种种借口来为自己开脱时，让这句话来唤醒你沉睡的意识吧：记住，这是你的工作！

对立情绪要不得，以老板的心态对待公司，这是许多大企业正在倡导的一种企业文化。试想一下，假设你是老板，你自己是那种你喜欢雇用的员工吗？

# 7. 立即行动

> 对一个勤奋的艺术家来说，若他不想让任何一个想法溜掉，那么当他产生了新的灵感时，他会立即把它记下来——即使在深夜，他也会这样做。他的这个习惯十分自然、毫不费力。一个优秀的员工其实就是一个艺术家，他对工作的热爱，立即行动的习惯，就像艺术家记录自己的灵感一样自然。

寻找借口的一个直接后果就是拖延，而拖延是最具破坏性、最危险的恶习，它使你丧失了主动的进取心。可悲的是，拖延的恶习也有累积性，唯一的解决良方，很明显，正是——行动。

做事拖延的员工决不是称职的员工。如果你存心拖延、逃避，你就能找出成打的借口来辩解为什么事情不可能完成或做不了，而为什么事情该做的理由却少之又少。把"事情太困难、太昂贵、太花时间"种种借口合理化，要比相信"只要我们够努力、够聪明、衷心期盼，就能完成任何事"容易得多。我们不愿许下承诺，只想找个借口。如果你发现自己经常为了没做某些事而制造借口，或是想出千百个理由来为没能如期实现计划而辩解，那么现在正是该面对现实、好好检讨的时候了，别再解释，动手做去吧！

富兰克林说："把握今日等于拥有两倍的明日。"将今天该做的事拖延到明天，而即使到了明天也无法做好的人，占了大约一半以上。应该今日事今日毕，否则可能无法做大事，也不太可能成功。所以

没有任何借口

应该经常抱着"必须把握今日去做完它，一点也不可懒惰"的想法去努力才行。歌德说："把握住现在的瞬间，从现在开始做起。只有勇敢的人身上才会赋有天才、能力和魅力。因此，只要做下去就好，在做的过程中，你的心态就会越来越成熟。能够有开始的话，那么不久之后你的工作就可以顺利完成了。"

有些人在开始工作时会产生不高兴的情绪，如果能把不高兴的心情压抑下来，心态就会越来越成熟。而当情况好转时，就会认真地去做，这时候就已经没有什么好怕的了，而离工作完成的日子也就会越来越近。总之一句话，必须现在就马上开始去做才是最好的方法。哪怕只是一天或一个小时的时光，也不可白白浪费。这才是真正积极主动的工作态度。

有一种员工是典型的完美主义者，他们觉得没有人能做得比他们好，所以不懂得授权给别人。他们认为自己比别人都行，因此也拒绝接受别人的建议，不要求任何协助。他们会无限地延长工作完成的时间，因为他们需要多一点时间让它更完美，而忽视别人的需要。他们以为只要他们一直在做事，就表示还没有完成；只要还没有完成，他们就可以避免别人的批评。完美主义让他们觉得，即使他们什么事都没做，也还是比别人优越。

如果你正受到怠惰的钳制，那么不妨就从碰见的任何一件事着手。是什么事并不重要，重要的是你突破了无所事事的恶习。从另一个角度来说，如果你想规避某项杂务，那么你就应该从这项杂务着手，立即进行。否则，事情还是会不断地困扰你，使你觉得烦琐无趣而不愿意动手。

假如你应该打一个电话给客户，但由于拖延的习

要想把每一件事做到完美，就必须付出你的热情和努力。

记住，这是你的工作！既然你选择了这个职业，选择了这个岗位，就必须接受它的全部，而不仅仅只是享受它给你带来的益处和快乐。

惯，你没有打这个电话。你的工作可能因这个电话而延误，你的公司也可能因这个电话而蒙受损失。

为了按时上班，假定你把闹钟定在早晨6点。然而，当闹钟响起时，你睡意仍浓，于是起身关掉闹钟，又回到床上。久而久之，你会养成早晨不按时起床的习惯，同时，你又会为上班迟到而寻找借口。

一个勤奋的艺术家为了不让任何一个想法溜掉，当他产生了新的灵感时，他会立即把它记下来——即使是在深夜，他也会这样做。他的这个习惯十分自然、毫不费力。一个优秀的员工其实就是一个艺术家，他对工作的热爱，立即行动的习惯，就像艺术家记录自己的灵感一样自然。

立即行动！这句话是最惊人的自动起动器。任何时刻，当你感到拖延苟且的恶习正悄悄地向你靠近，或当此恶习已迅速缠上你，使你动弹不得之际，你都需要用这句话来提醒自己。

# 8. 即使错误，也坚定不移地执行

在决议未确立之前，任何改动都是合理的；当决议生效之后，即便错误，也要坚决执行。

领导不是未卜先知的神仙，他们也会犯下大大小小的错误。当我们面对这些"错误"的时候，应当如何处理呢？趋利避害是人的本能，没有谁愿意为一个错误的决定付出代价。但问题是，这是否真的就是一个错误的决定？你看问题的角度是否和领导一致？

当我们执行任务时，一定要明确这样一个理念：在决议未确立之前，任何改动都是合理的；当决议生效之后，即便错误，也要坚决执行。

沃尔玛公司就发生过这样一件事情，当时采购部经理摩尔放弃了合作多年的伙伴迈克尔，转而向另外一家公司订货。在他看来，新的合作商报价很低，可以为公司省下不少资金。为了表示对迈克尔长期高价供货的愤慨，摩尔让自己的秘书玛丽小姐给对方写了一封电子邮件，指责迈克尔"过于贪婪"。

没过多久摩尔就发现，新供货商的产品质量很差，而且单个商品的性价比极差，为此公司明确指出要"提升自己的产品质量"。摩尔意识到，自己在原材料选购方面应该和迈克尔合作才对。

摩尔担心，由于那封言辞激烈的电子邮件，迈克尔很可能再也不会同自己合作了。想到这里，摩尔挠了挠头发，无奈地对一旁的玛丽小姐说："真遗憾，看来在这件事情上面，我们又要从零开始，寻找新的供货商了。"

"完全没有必要，经理。"玛丽小姐对摩尔说，"我们不用再去开拓市场，我想咱们和迈克尔的误会没有那么大，其实，那封电子邮件我一直都没有发。"

听到这句话，摩尔先是舒了一口气，继而又瞪大了眼睛，很不满意地问了一句："什么？这可是上个月的事情了。我记得自己是亲口告诉你的，你为什么把它忘了呢？"

"不是我忘记了，而是我觉得，这封电子邮件不该发，于是就将它压了下来。"

这件事显然让摩尔很生气，他马上又问道："可是，玛丽小姐，你为什么要自作主张呢？我上周让你发往南美的那几封信，你是不是也将它们压了下来呢？"

玛丽小姐没有注意到经理的脸色，而是骄傲地挺直了身子，回答道："这些事情，我早就办好了。我知道哪些事情该做，哪些事情不该做。"

摩尔被自己的秘书气晕了头，他拍着桌子说道："请问，到底你是经理，还是我是经理？"

玛丽被这突如其来的指责震住了，她没有想到经理会当着众人的面大声呵斥自己，两行眼泪马上就流了下来："我做错了什么吗？"

"是的，你确实做错了。你的任务就是执行我安排下去的工作，可是现在你既没有按照我的意思去办，也没有及时和我沟通，我的工作还要怎么开展？作为一个领导，我对身边发生了什么事都不清楚，这合理吗？"

这件事在当时引起了不小的波动，沃尔玛总部下达指示，玛丽小姐能够审时度势，做出一个合理可靠的选择，值得奖励，给她发放了3000美元的奖金；但同时由于她擅做主张，不服从领导的指示，予以辞退。

几乎所有人对于这样的决定都持肯定的态度。因为对于玛丽来说，她的职责就是一丝不苟地完成上级交给自己的任务，至于这个任务是否正确，那就另当别论了。没有哪个老板喜欢不听话的员工，老板花钱雇用职员，根本目的只是要求员工代替自己做事，而不是要求他们代替自己做决定。因此，在面对错误指令的时候，我们一定要明确以下几点。

（1）及时和领导沟通。对于玛丽来说，有自己的判断力是好的，公司也喜欢能够独立工作的员工。但是她在发现问题之后，没有在第一时间里和领导进行沟通，而是自作主张，更改了领导的指令。假如每一个人都按照自己的想法工作的话，那么一个集体还如何维持？我们选拔领导的意义又在哪里呢？

（2）坚定不移地执行。如果我们在接到错误决定之后，无法和上级部门取得联系，那么就应当坚定不移地执行"错误的决定"。因为凡事的对错都不是绝对的，必须要承认，上下级之间看问题的角度、方法都有可能是不同的，很多在下级看起来不可理喻的决定，实际上有着深层的动机。这就是说，一些在我们看起来是错误的决定，实际上并没有错，而是领导者别有用意罢了。

（3）直接责任人永远是领导。一项任务是否能完成，很大程度上取决于直接责任人，也就是领导本身。所以说下属在执行任务的时候，需要百分之百地完成上级交代给自己的任务。

（4）执行力比对错更重要。对于一个集体来说，坚定不移地执行上级交代的任务才是最宝贵的财富。对错是一时的，能不能坚持完成领导交代的任务则是一

在面对错误指令的时候，我们一定要明确以下几点。

（1）及时和领导沟通。

（2）坚定不移地执行。

（3）直接责任人永远是领导。

（4）执行力比对错更重要。

（5）不受君令的大将，结局都不怎么好。

个相对长期的概念。或许在一些时候，我们可以看到比领导的方案更好的解决办法，并且在短时期内收到了很好的效果。很显然，我们不可能每一次都看得比领导远。如果有谁每一次都能够超越自己的领导，那他也早就该跻身管理层了吧。

（5）不受君令的大将，结局都不怎么好。虽然说"将在外，君令有所不受"，但是真正这样做的人，往往不会有好结局。玛丽确实根据现实情况做出了更为合理的选择，但是最后她被辞退了。这就说明任何时候，越俎代庖都会引来管理者的不满，而一个失去控制的优秀员工，谁能保证他不是一颗定时炸弹呢？

因此，在面对一些错误指令的时候，作为下级员工，我们需要在第一时间同领导交换意见。如果条件不允许，就需要按照原计划坚定不移地执行，在很多情况下，领导是不会将行动机密和盘托出的。更何况，执行任务及帮老板做事才是公司雇用我们的根本目的。

没有任何借口

# 9. 把握好自己的表现欲望

每个人都希望别人能够喜欢自己，表现欲也会随之而来。但问题是，过度的表现会不会让你显得不守规矩？在什么情况下，我们吃力不讨好，碰了一鼻子灰？如果只是埋头苦干，三年不鸣，又会有多少人能认识到你的真实水平呢？因此，如何把握好其中的尺度，就是一个值得思考的问题了。

过度的表现会不会让你显得不守规矩？在什么情况下，我们吃力不讨好，碰了一鼻子灰？埋头苦干，三年不鸣，又会有多少人能认识到你的真实水平呢？如何把握好其中的尺度，是一个值得思考的问题。

有时候，领导赋予下属的权限是可以延展的，这就是所谓的"表现空间"。通过个人才华的展示，一个人就可以完美地表现出自己的实力来。法国文坛巨匠大仲马就曾因为写了一手好字，受到了用人单位的青睐。但是无论如何，我们所做的一切，都应当是有所限定的，一旦超出了界限，我们就又走在"不服从"的道路上了。

20世纪90年代世界足坛上出现了两个绝世奇才，一个叫保罗·加斯科因，另一个叫做雷内·伊基塔。加斯科因当时是世界一流的中场大将，而伊基塔则是一夫当关、万夫莫开的顶级门将。以他们的天赋，如果勤奋训练，专心磨炼自己的球技，日后开辟属于自己的时代也大有可能，但这两人到最后都没能控制好自己，一心在球场上表现自己，对着摄像头"耍宝"，结果相继被自己所在的国家队除名，空留遗憾。

英格兰中场加斯科因有球场喜剧大师的美誉，他的脑子里面总是充满了幻想，只要一接触到与足球有关的东西，他的脑海中便会蹦出各种新奇的想法来。

一次，他接受电视台邀请，担当临时足球评论员。加斯科因一边解说比赛，一边对着话筒猛打饱嗝，为此英足协领导大发光火，马上开出了一张39000英镑（约合人民币32万元）的罚单。因为打嗝被予以重罚，加斯科因算是破天荒了。虽然评球事件让英足总原本彬彬有礼的绅士形象大受其害，但球迷却对此津津乐道。而这笔39000英镑的罚款在加斯科因眼中根本就算不了什么，他喜欢搞怪的个性丝毫没有收敛，有一次在一个记者招待会上，他又煞有介事地招呼所有人都安静下来，然后放了一个响亮的臭屁。

这些荒唐的事情让球队老板、主教练都备感生气，他们要求加斯科因必须遵守规矩，否则严惩不贷。但是加斯科因似乎天生就是这副模样，他知道自己的做法得到了广大球迷的支持，既然能够取悦球迷，也就不在乎过分不过分了。当教练批评他"愚蠢得像一把扫帚"之后，加斯科因马上就在第二天给自己的腰间插了一把扫帚。

最为要命的是，加斯科因在球场之上也爱"玩火"。在一次比赛中，他从裁判员身边跑过的时候，恰好一张黄色的纸牌飘然而落，坠到草坪上。加斯科因定睛一看，原来是裁判口袋里的黄牌。于是，他快步走上前去，抢在裁判之前将黄牌拿在手里，然后严肃地向对方做了一个出示黄牌的动作。不幸的是，紧张兮兮的裁判并没同样的幽默细胞，他果断地给若无其事的加斯科因出示了一张真正的黄牌。看到这一幕，场边观战的主教练大发雷霆，但是加斯科因却依然我行我素，玩得不亦乐乎。

为了严肃纪律、保证管理层的严肃性，英格兰国家队渐渐将加斯科因排除在外，弃而不用了。和加斯科因命运相似的还有哥伦比亚门将伊基塔，这位有史以来集攻击性、观赏性、艺术性于一身的足球天才，也因为过于表现自己，不听从指挥，最后连国内联赛都

没有任何借口

踢不了。其中，最有名的例子就是伊基塔在 1995 年哥伦比亚对英格兰的友谊赛上那一次"蝎子摆尾"。

当时对方球员目测到伊基塔站位靠前，便起脚吊射球门，这种雕虫小技在伊基塔眼里简直就不值一提。或许是天神附体，伊基塔在皮球即将越过球门线的那一刻，身子向前一跃，整个人倒立在了空中，用自己的后脚跟将皮球踢了回去——这可以说是百年足球史上最为骇人的一幕。表演者不光要有技术，有信心，同时还要有足够好的运气。毫无疑问，这一次出色的表演为伊基塔赢得了世界范围内的声誉，但忧心战绩的主教练却对他恨之入骨，球队老板也不止一次地告诫他"要以胜利为第一目标"。

后面的事情和人们所预料的一样，我行我素的加斯科因和伊基塔都被老板炒了鱿鱼。加斯科因是被国家队排除在外，伊基塔则是遭到了俱乐部老板的冷处理，东家换了一个又一个，却总是没有人愿意起用他。

在实际生活中，很多人都以为既然老板和客人都在座，为什么不露上一手呢？都想把握住难得的机会，做出一些非凡的举动，很可能就会一举成名呢！在表现自己和服从命令之间，是有一个界限的，任何时候，服从都是需要优先选择的。加斯科因和伊基塔，这两个足坛的天才人物都只是看到了竭力表现的重要性，却忽视了服从指挥的意义，因此落得无人问津也是理所当然的。

任何时候，管理者迫切追求的都是实实在在的结果，在领导面前展示自己的实力，也一定要有限度，玩过了头，只会适得其反。每一个人都渴望受到关注，他们在工作的时候也喜欢给自己的成果添加上个人的烙印，这往往就需要他们走在服从与自我之间。

> 在表现自己和服从命令之间，是有一个界限的，任何时候，服从都是需要优先选择的。

像加斯科因和伊基塔这样的绝世奇才都被抛弃，普通人太自我又怎么会在职场如鱼得水？如果想要让自己变成一个好下属，最好的办法还是收起自己的表现欲，脚踏实地地遵循领导的指示。

没有任何借口

# 忠诚胜于能力

# 1. 忠诚是无价之宝

在这个世界上，并不缺乏有能力的人，那种既有能力又忠诚的人才是每一个企业企求的最理想的人才。那些忠诚于老板，忠诚于企业的员工，都是努力工作，没有任何借口的员工。他们的忠诚会让他们达到想象不到的高度。

一个年轻人在他的父母、导师、老板及其他人的眼中，最可贵的品质恐怕就是忠诚了。关于这一点，许多人的观念中好像都存在着一个令人费解的误区，他们几乎都认为，不管他们从事什么样的工作，只要他们把工作做好就行了，至于其他的因素可以不予考虑。

毫无疑问，大多数年轻人对自己的老板都怀有一定程度的忠诚之心，至少对于他们现在所从事的工作是这样的。但这样的忠诚在很多时候都表现得极其不够。甚至还有一些人，故意在他们的监督者不在的时候把事情弄得一团糟，这样的人是绝对不能任用的。

在对老板的忠诚方面，我们除了应该做好分内的事情，还应该表现出对老板事业兴旺和成功的兴趣，不管老板在不在场，都要像对待自己的东西一样照看好老板的设备和财产。一些年轻人有这样的倾向，那就是如果老板把所赚的利润都给他一个人的话，他将比平时更加勤奋、谨慎、节俭和专心。但无数事实证明，他们永远也达不到想像中的那种成功。

很多人，如果你说他对老板的忠诚不足，他会这样辩解："忠诚有什么用呢？我又能得到什么好处？"忠诚并不是为了增加回报的砝码，如果是这样，就不是忠诚，而是交换。我们应该明白，在这个世界上，并不缺乏有能力的人，那种既有能力又忠诚的人，才是每一个企业企求的最理想的人才。人们宁愿信任一个虽然能力差一些却足够忠诚、敬业的人，而不愿重用一个朝三暮四、视忠诚为无物的人，哪怕他能力非凡。如果你是老板，你肯定也会这样做的。

有很多这样的年轻人，干活的时候敷衍了事，做一天和尚撞一天钟，从来不愿多做一点儿工作，但到了玩乐的时候却是兴致万丈，得意的时候春风满面，领工资的时候争先恐后。比如修好墙上的一个破洞，帮老板把几箱货物放在该放的地方，随时记下几笔零碎的账目，都只不过是举手之劳，却可以给企业省下很多时间和金钱，但他们就是不愿意这样做。如果是自己的企业，你会袖手旁观、置之不理吗？当然不会，那么受人所雇，就不应当尽力而为了吗？有些人做事马马虎虎、懒懒散散，因为他们觉得即使做事兢兢业业也得不到什么好处，这些人最好读一下有关一个有着忠诚和奉献精神的仆人的故事。

一位马耳他王子在路过一间公寓时看到他的一个仆人正紧紧地抱着他的一双拖鞋睡觉，他试图上去把那双拖鞋拽出来，却把仆人惊醒了。这件事给这位王子留下了很深的印象，他立即得出结论：对小事都如此小心的人一定很忠诚，可以委以重任，所以他便把那个仆人升为自己的贴身侍卫，结果证明这位王子的判断是正确的。那个年轻人很快升到了事务处，又一步一步当上了马耳他的军队司令，最后他的美名传遍了整个西印度群岛地区。

在这个世界上，并不缺乏有能力的人，那种既有能力又忠诚的人，才是每一个企业企求的最理想的人才。人们宁愿信任一个虽然能力差一些却足够忠诚、敬业的人，而不愿重用一个朝三暮四、视忠诚为无物的人，哪怕他能力非凡。

不要指望有任何不须付出的回报，忠诚是一条双行道，付出一份忠诚，你将收获双倍的忠诚。我阅读巴顿将军的回忆录时，在他于1943年7月18日从西西里发出的一封信里，读到这样一段话："不久前的某一天，威廉·达比上校被提升为一个团的团长。级别提升了一级，但他拒绝接受，因为他愿意与他训练出来的士兵待在一起。同一天，阿尔伯特·魏德迈将军请示降为上校，为的是能够去指挥一个团。我认为这两种行为都很棒。"这就是西点军校所提倡的忠诚。威廉上校为了忠诚于自己的下属而甘愿放弃晋升的机会，他的下属必将对他更加忠诚。但前提是，他的那些部下首先是对他忠诚的。一个不忠诚的下属永远不会有遇到这样的上司的幸运。

　　忠诚是人类最重要的美德。那些忠诚于老板、忠诚于企业的员工，都是努力工作、不找任何借口的员工。在本职工作之外，他们还积极地为公司献计献策，尽心尽力地做好每一件力所能及的事。而且，在危难时刻，这种忠诚会显现出它更大的价值。能与企业同舟共济的员工，他的忠诚会让他达到想象不到的高度。

没有任何借口

# 2. 忠诚是一丝不苟的责任

忠诚是人类最重要的美德。那些忠诚于老板、忠诚于企业的员工，都是努力工作、不找任何借口的员工。

忠诚不仅体现在一些让人惊叹的伟人伟业上，更多地体现在日常工作的兢兢业业之中。

忠诚不是虚幻的，它更多地体现在日常工作的兢兢业业之中。每个公司都并不缺少人才，但缺少的是忠诚于公司的充满激情的人才，更缺少能自觉关心公司利益的人才。

忠诚不仅体现在一些让人惊叹的伟人伟业上，更多地体现在日常工作的兢兢业业之中。

有位叫做乔治的年轻人，刚大学毕业到一家钢铁公司工作还不到一个月。在那里，他发现很多炼铁的矿石并没有得到完全充分的冶炼，一些矿石中还残留着没有被冶炼好的铁，他想这种情况再继续下去，公司就会有很大的损失。

于是，他找到了负责这项工作的工人，跟他说明了问题，这位工人说："如果技术有了问题，工程师一定会跟我说，现在还没有哪一位工程师向我说明这个问题，说明现在没有问题。"乔治又找到了负责技术的工程师，对工程师说明了他看到的问题。工程师很自信地说："我们的技术是世界上一流的，怎么可能会有这样的问题呢？"工程师并没有把他说的事看成是一个很大的问题，还暗自认为，一个刚刚毕业的大学生，能明白多少，不会是因为想博得别人的好感而表现自己吧。

但是，乔治认为这是一个很大的问题。于是，他拿着没有冶炼好的矿石找到了公司负责技术的总工程师。他说："先生，我认为这是一块没有冶炼好的矿石，您认为呢？"总工程师看了一眼，说："没错，年轻人你说得对。哪里来的矿石？"乔治说："是我们公司的。""怎么会？我们公司的技术是一流的，这样的问题怎么会发生？"总工程师很诧异。"工程师也这么说，但事实确实如此。"乔治坚持道。"看来是出问题了。怎么没有人向我反映？"总工程师有些恼火了。

总工程师召集负责技术的工程师来到车间，果然发现了一些冶炼并不充分的矿石。经过检查发现，原来是监测机器的某个零件出现了问题，才导致了冶炼的不充分。

公司的总经理知道这件事之后，不但奖励了乔治，而且还晋升他为负责技术监督的工程师。总经理不无感慨地说："我们公司并不缺少工程师，但缺少的是忠诚于公司的工程师，更缺少自觉关心公司利益的工程师，这么多工程师就没有一个人发现问题，并且有人提出了问题，他们还不以为然。对于一个企业来讲，人才是重要的，但更重要的是，要有忠诚于公司的激情，这样才能真正对自己的工作负责。"

这位总经理说得对，真正的人才一定要德才兼备，要有忠诚于公司的激情，而忠诚也不只是表表忠心，而是对公司利益切切实实的关心，对工作一丝不苟的责任。

有些人总以为，公司的事情让老板去操心就好了，一个小小的员工管那么多完全是没事找事，而且，你用了心、费了力，老板也不一定知道。但是一个富有忠诚激情的员工就不会这么想，他们不会计较自己的利益，因为他们把公司的利益看作自己的利益，他们关心公司的得失就像关心自己的安危。这样的员工是公司的支柱，他们的行为总会引起老板的重视，这不仅会给公司带来好处，个人也会被重用。

安妮是一家公司的秘书。她的工作就是整理、撰写、打印一些材料。很多人都认为安妮的工作单调乏味，但安妮不觉得，她觉得自己的工作很好。她说："检验工作，唯一的标准就是你做得好不好，不是别的。"

安妮整天做着这些工作，做久了，她发现公司的文件中存在很多问题，甚至公司的一些经营运作方面也存在着问题。于是，安妮除了每天必做的工作之外，还细心地搜集一些资料，甚至是过期的资料，她把这些资料整理分类，然后进行分析，写出建议。为此，她还查询了很多有关经营方面的书籍。最后，她把打印好的分析结果和有关证明资料一并交给了老板。

老板起初并不在意，一次偶然的机会，老板读到了安妮的这份建议，他非常吃惊，没想到这个平常毫不起眼的年轻秘书，居然对公司这样关心，居然有这样缜密的心思，而且她的分析井井有条，细致入微。后来，她的建议中很多条都被采纳了。

老板很欣赏她，觉得有这样的员工是他的骄傲。当然，安妮也被老板委以重任。安妮觉得没必要这样，因为她觉得她只比正常的工作多做了一点点，但是，老板却觉得她为公司做了很多，而且，公司的重要工作就需要像她这样兢兢业业、热情饱满而又不动声色的人。

这个老板对安妮的奖赏是合理而应该的，肯定有很多人看起来比安妮更有才能，也占据着看起来比安妮更重要的职位，但他们缺少的却是像安妮一样的那么一点点忠诚、一点点责任和一点点激情。

一个忠诚的员工不会计较自己的利益，因为他们把公司的利益看作自己的利益，他们关心公司的得失就像关心自己的安危。这样的员工是公司的支柱，他们的行为总会引起老板的重视，这不仅会给公司带来好处，个人也会被重用。

# 3. 忠诚是崇高的义务

忠诚不仅仅是人之为人最基本的美德，更是一种崇高的义务。忠于自己的国家，忠于自己的团队和企业，忠于自己的职责和使命，这一切都应该是一种十分自然的行为，而不求任何回报。

我们知道，一个脱离了团体的人是非常脆弱的。人的一生归属于各种团体：家庭、学校、企业、国家以及各种组织。在这种归属中，个人才能得到保护，并发挥自己的才干以获得成功。因此，个人归属于团体是个人赖以生存的基本条件，而维护这种归属关系就是每个人的基本义务。所谓"忠诚"指的就是个人归属于团体的义务与道德。

个人归属于团体的义务与道德，首先指的是个人对团体利益的无条件维护，因为只有自己所属的团体好了，自己以及同属于一个团体的人才会幸福，因此，最高的忠诚就是不求回报地做有利于团体的事。

在离罗马城不远的一个小农场上住着一位名叫辛辛纳图斯的人，他曾担任该地区的最高长官，但由于某种原因，他失去了所有的财富和官职，他变得很贫穷，不得不亲自耕作。

当时在离罗马不远的群山中住着一个好斗的半开化部落，他们一直与罗马为敌。他们说动了另一个勇猛的部落与他们合作，一路烧杀抢掠，直指罗马。他们声称要攻破罗马的城墙，烧毁房屋，屠

没有任何借口

杀百姓，将妇女和儿童掠做奴隶。十分自信而勇敢的罗马人一开始并不觉得有多危险，他们都认为把山地部族赶回老家是件很容易的事情。

但一天早晨，五名骑兵从山那边疾驰而归，人和马都沾满了尘土和血迹。城门的守卫认出了他们，在他们飞奔进城时大声问他们："为什么跑得这样着急？罗马军队怎么了？"他们没有回答，而是沿着寂静的街道继续向城里狂奔。大家都跟着他们跑，想知道究竟发生了什么事。罗马当时不大，他们很快就抵达了元老们的所在地，跳下马说明了情况。

他们说："就在昨天，当我们的军队正穿过两座陡峭的高山间的一条狭窄山谷时，突然1000多个野蛮人从我们面前和头顶的岩石后跳了出来，堵住了我们的去路。在这样狭窄的山谷里，我们无法战斗，我们试图掉头，但他们把我们的后路也切断了。这些好斗的山地部族把我们前后围住，还从我们的头顶往下扔石块。我们中了埋伏。我们10个人快马加鞭往外冲，但只有5个人冲出了包围圈，另外5个人被他们用投枪击中落马。哦，罗马的元老们！赶快派人援救我们的军队，否则所有人都将被屠杀，我们的城市将被占领。"

白发的元老们问："我们该怎么办？除了守卫和男孩，我们还能派谁去？有谁能有足够的智慧来领军拯救罗马？"大家都摇头，面色凝重，因为一切似乎都毫无希望。过了一会儿，有人说："去找辛辛纳图斯，他能帮我们。"

被派去找辛辛纳图斯的人急匆匆地赶到他的家时，他正在田里犁地。他停下手中的活，和气地跟他们打招呼，等着他们开口。他们说："穿上你的斗篷，辛辛纳图斯，听候罗马人民的吩咐。"辛辛纳图斯不知

个人归属于团体的义务与道德，首先指的是个人对团体利益的无条件维护，因为只有自己所属的团体好了，自己以及同属于一个团体的人才会幸福，因此，最高的忠诚就是不求回报地做有利于团体的事。

道他们什么意思。他问道:"罗马没事吧?"他让他的妻子回家取他的斗篷。她取来了斗篷,辛辛纳图斯用手掌和手臂拂去了上面的尘土,将它披在肩膀上。而后几位信使向他讲述了他们的使命:"罗马人民任命你做他们的统治者和罗马的统治者,你可以自由行事。元老们请求你立即动身前去抗击我们的敌人,那些好斗的山地部族。"

听完这番话,辛辛纳图斯把犁扔在了田里,匆匆赶往罗马。在罗马,他将守卫和男孩们武装起来,亲自带领他们解救被困的罗马军队。几天以后,罗马城里一片欢呼,因为辛辛纳图斯带来了好消息,山地部族被打败了。辛辛纳图斯率领罗马军队与男孩和守卫一起胜利而归,他拯救了罗马。

辛辛纳图斯本可以自任国王,因为他的话就是法律,没有人胆敢冒犯他。但在人民还没来得及感谢他所做的一切时,他便将权力还给了罗马的元老们,回到了他的小农场继续扶犁耕作。辛辛纳图斯只当了16天罗马的执政官。他说:"我执政是为了罗马,我将权力还给元老们也是为了罗马,一切为了罗马是我的义务。"

辛辛纳图斯的故事流传很广,影响也很深。在美国独立战争中,当美军在约克郡获胜后不久,一名大陆军军官致信乔治·华盛顿,认为新获解放的殖民地"永远不能成为共和政体国家",他建议"成立以华盛顿为国王的王国"。华盛顿立即撰写了回信。就像两千多年前的辛辛纳图斯一样,华盛顿忠诚于国家的利益,而非自身的利益。

以下是华盛顿回信的全文:

纽堡，1782 年 5 月 22 日

先生：

　　仔细拜读先生递交给我的意见后，心情不胜诧异与惶恐。我可以肯定地说，先生，在战争过程中发生的任何事件都及不上发现军队中存在着你在信中所表达的那些观点更让我痛苦，我必须怀着厌憎的心情加以考虑，并予以严厉的斥责——这类消息我将暂时缄口不言，除非发生进一步的煽动事件使得公开情况成为必须。

　　令我大为不解的是，我的行为中有哪些成分鼓励了这样一个在我看来十分重大而且会给国家造成最严重的损害的请求。如果我对自己的了解还未受蒙蔽的话，你再也找不到比我更不赞同你的计划的人了——与此同时，为了对我自己的感情公正起见，我必须补充说明，没有一个人比我更真诚地希望看到军队中实现充分的公正，如果宪法扩大了我的权力和影响，我也只能竭尽全力，恪尽职守。让我恳求你，先生，如果你仍顾及国家、关心自己以及你的后代，或对我有任何尊敬的话，就请将这些念头逐出你的脑海，不要再传播你的或其他人的此类观点。

　　顺致敬意

你最忠实的仆人

乔治·华盛顿

当一个人把忠诚于自己的公司当做无私的义务的时候，他生命的激情一定会像这座建筑一样伟大。

　　在企业界，我们也能找到以忠诚为崇高义务的例子。中国上海的外滩被称为东方的华尔街，那里洋行林立，建筑非凡，其中有一座西方风格的雄伟建筑是著名的汇丰银行。据说修建这幢建筑的不是英国人，而是一个中国老白领。他是这家外国银行的高级雇员，薪俸可观。可最终他倾其一生的积蓄，买了这块地，从欧洲运来巨石，煞费苦心地为汇丰远东的事业发展，奠定下这份基业。

很多知道内情的人都很纳闷，这个老白领为什么不为自己考虑？为什么将自己辛辛苦苦从公司挣来的钱又用回了公司？老白领没有说什么，但留下了一座忠诚的人格丰碑，耸立在外滩上。有一次我去上海，看到了那座建筑，它那巍峨的石头身躯让人敬仰，尤其是当我想起那位老白领的时候，我更是激动。当一个人把忠诚于自己的公司当做无私的义务的时候，他生命的激情一定会像这座建筑一样伟大。

# 4. 忠诚是公司的命脉

> 忠诚是公司的命脉。一个忠诚度很高的团结的团队，其在商战中的战斗力将是不可估量的。因此很久以来，这就成了所有优秀企业的共识：把有没有忠诚度作为选才的一个重要衡量标准。

忠诚的激情不仅是一个人主动地为他所属的团体做出无私的奉献，更是一个人主动地担当团体的危难。的确，当一个企业陷入危机的时候，考验员工忠诚的时候就到了。

有一家生意不错的旅游公司。老板出差期间，有人秘密地把公司几乎全部的客户资料出卖给了竞争对手。旅游旺季到来之时，这家旅行社以往的签约顾客居然一个都没有来。旅行社陷入了前所未有的危机之中。

没有人知道这是谁干的。客户服务部的经理引咎辞职，尽管她是无辜的，老板也觉得自己对不起公司的员工。"我很遗憾公司出现了这样的事情，"老板说，"现在，公司的资金周转出现了困难，这个月的薪水暂时不能发给大家。我知道，有的人想辞职，要是在平时我会挽留大家，但这个时候大家想走，我会立刻批准，因为我已经没有挽留大家的理由了。"

忠诚的激情不仅是一个人主动地为他所属的团体做出无私的奉献，更是一个人主动地担当团体的危难。的确，当一个企业陷入危机的时候，考验员工忠诚的时候就到了。

"老板，您放心，我们是不会走的，我们不能在这个时候离开，我们一定会战胜困难。"一个员工说。"是的，我们不会走的。"很多人都在说。员工中表现出来的忠诚感染了老板，也感染了在场的每一个人。

这家旅行社没有倒闭，而且比以前做得还要好，因为，在危难中老板发现了一批忠诚于公司的员工，依靠他们，公司的发展有了真正的支柱。与此同时，在危难中留下来的员工也都得到了重用，他们在公司的发展中也发展了自己，而那些临危而去的员工却失去了发展自己的机会。老板说："我要感谢我的员工，在我要放弃的时候，是他们的忠诚帮助公司战胜了困难，他们让我知道了企业真正的资本是什么，它就是忠诚的激情。"

忠诚的力量是不可估量的。在一支法军部队里有一对兄弟，其中一人被德军的子弹击中，幸免于难的另一人请求长官允许他去把兄弟背回来。长官说："他可能已经死了，你冒着生命危险去把他的尸体背回来是没有用的。"但在他一再的恳求下，长官同意了。

就在那名士兵刚把他的兄弟背回营地时，他那身负重伤的兄弟死去了。长官说："看看，你冒死把他背回来真是毫无意义。"但这名士兵回答说："不，我做了他所期望的事。我得到了回报。当我摸到他身边扶起他时，他说：'皮埃尔，我知道你会来的——我就是觉得你会来。'"

这位士兵得到的回报是什么呢？是一种无价而真心的信赖。这种由信赖而产生的互相依附和忠诚，是人世间最可贵的情感和财富。

我们说忠诚可以拯救一个处于危难中的公司，可以让人爆发出一种高贵的激情，而背叛却可以摧毁一家公司，也可以毁掉一个人做人的热情。

在一次激烈的商业谈判中，纳斯特公司的谈判人员发现要想实现自己的目标显然有了困难，但他们必须获得成功，因为这次交易的商业利润非常可观。谈判的对方华声公司也有自己的底线，但是他们不能轻易亮出自己的底线，谈判一直在僵持中。

纳斯特公司一直摸不清华声公司的谈判底线，经过几天的周旋，还是雾里看花。纳斯特公司的谈判助理说："实在不行，我们就收买他们的谈判人员，答应谈判成功之后给他们满意的回扣，这对我们来说，是舍小保大，从长远来看，是值得的。我听说魁蒙公司和福可思公司也已经介入了，如果不采取措施的话，可能会失去这个机会。"

谈判副主席对此不同意，认为这样做违背公平竞争的原则。但最后，谈判主席，也就是这家公司的副总裁，认为可以试一下，他说："我想证明一个问题，看这家公司的员工究竟如何？"纳斯特公司的谈判助理以为，没有人不喜欢钱，"重赏之下，必有勇夫"，他制订好计划就开始了运作。然而，事情居然出乎他的意料，他以为自己的计划很周详，也很到位，给他们的回扣也不低，没想到却遭到了他们的坚决拒绝。

纳斯特公司的谈判助理悻悻而归。当他把这个消息告诉纳斯特公司的谈判主席时，谈判主席却笑了，并且点点头。谈判助理对主席的反应一头雾水。

第二天谈判开始的时候，没有人说话。这时纳斯特公司的谈判主席开口了："我们同意贵公司提出的价钱，就按照你们说的价钱成交。"这是让两家公司的谈判成员都没有想到的。接着，纳斯特公司的谈判主席继续说："我的助理做的事情我是知道的，我当时没有反对，就是想证明一件事。最终证实我的猜想对了，贵公司的谈判人员不仅谈判技巧高，而且协作非常好，最关键的一点是，你们对自己的公司非常忠诚，这令我敬佩。我们是对手，成交的价钱是我们分胜负的标准。但是，一个企业的生存并不仅仅依靠钱的多少。员工的忠诚是一个企业的命脉。你们的表现让我

忠诚的力量是不可估量的。

忠诚可以拯救一个处于危难中的公司，可以让人爆发出一种高贵的激情，而背叛却可以摧毁一家公司，也可以毁掉一个人做人的热情。

看到贵公司命脉坚实，和你们合作，我们放心。从价钱上来看，我们是亏了一些，但我认为我们会赚得更多。"他的话还没说完，全场就响起了热烈的掌声。

忠诚是公司的命脉。一个忠诚度很高的团结的团队，其在商战中的战斗力将是不可估量的。其实很久以来，这就成了所有优秀公司的共识：把有没有忠诚度作为选才的一个重要衡量标准。

雄武是一家日本企业的业务部副经理，他年轻能干，刚进企业两年就得到了这样一个要职，大家都对他刮目相看。然而半年之后，他却悄悄离开了公司。同事们都很惋惜，没有人知道他为什么离开。

雄武走后不久，找到了他的朋友，也是和他一起来到这家公司的山木先生。在酒吧里，雄武喝得烂醉，他对山木说："知道我为什么离开吗？我非常喜欢这份工作，但是我犯了一个错误，我为了获得一点儿小利，失去了作为公司职员最重要的东西。虽然总经理没有追究我的责任，也没有公开我的事情，算是对我的宽容，但他今后还会相信我吗？我真的很后悔，你千万别犯我这样的低级错误，不值得啊。"

山木听得糊涂，但是他知道这一定和钱有关。原来，雄武在担任业务部副经理时，曾经收过一笔款，业务部经理说可以不入账："没事儿，大家都这么干，你还年轻，以后多学着点儿。"

雄武虽然觉得这么做不妥，但是他也没拒绝，半推半就地拿了这笔钱。当然，业务部经理拿到的更多。没多久，业务部经理就辞职了。后来，总经理发现了这件事，批评了雄武，但没有将此事公开，但雄武自己越想越不安，惶惶不可终日，他总觉得自己做了对不起公司的事情，有了污点，总经理不会再重用他，因此，他就悄悄离开了公司。

山木看着雄武落寞的神情，知道雄武一定很后悔，但是有些东西失去了就很难弥补回来，雄武失去的是对公司的忠诚，而抛弃的则是他自己，因为失去了对公司的忠诚，雄武还能奢望公司再相信他吗？

没有任何借口

魔鬼词典里说：陷阱就是掺进毒药的一块涂满奶油的蛋糕，能够抵制诱惑而不落入陷阱的人并不是很多，很多人会以身试毒，他们总以为自己占了便宜，但不知道他们已经在陷阱之中。

忠诚是公司的命脉。一个忠诚度很高的团结的团队，其在商战中的战斗力将是不可估量的。其实很久以来，这就成了所有优秀公司的共识：把有没有忠诚度作为选才的一个重要衡量标准。

# 5. 保护好自己的舌头

诚实是一个人最大的美德。我们都知道美国首任总统乔治·华盛顿小时候砍樱桃树的故事，这个真实的故事一直作为有关诚实美德的典范而广为传颂。坚持做一个诚实的人，就意味着要像华盛顿那样敢于承担自己的过失。

上天给了每个人一个奇妙的舌头，是希望用它来说真话的。保护好自己的舌头吧！

中世纪有一个神话故事。神给了人一根奇妙的舌头，使他能用神奇的语言说出自己的想法和事物的真相，这样，人类就能够相互交往，团结一心，共同战胜别的动物。魔鬼撒旦嫉恨神对人类的厚爱，他要破坏人类的幸福，便使出魔法诱惑人的舌头，让它学会了说谎，从此，祸从口出，人类陷入了谎言的深渊。神知道这一情形后，来到人间，他告诫人类说："聪明的人啊，保护好神给你的舌头吧，神给你舌头是要你说真话的，你若用它来撒谎，我会割掉你的舌头，因为你不配有一个舌头，更不配做一个人。"中世纪的人相信，那些不会说话的哑巴一定是生前说了谎话的人，他们的舌头被神割掉了。

现在，我们当然不会相信中世纪的迷信，但记住"神的告诫"总是有好处的，因为，诚实是一个人的美德，是使人成其为人的基本行为。当然，一个人要坚持诚实是不容易的，因为他的周围充满了

没有任何借口

魔鬼撒旦似的诱惑。魔鬼常常在我们的耳边说："说句假话，你就没事啦！""蒙他一下，你就发财啦！"魔鬼总是用眼前的利益来诱惑我们说谎，人们往往容易受到魔鬼的蛊惑，养成口是心非、隐瞒事实、歪曲事实和捏造事实的习惯。但我们在说谎之后又总是不安，因为我们的耳边又会响起神的告诫，我们担心自己的舌头会被割掉，并感到自己不太像人。

要保护好自己的舌头，做一个真正的人，就要付出一定的代价，甚至会牺牲眼前的利益。但只要你坚持到底，就一定会得到意想不到的回报，这回报不仅指财富，还有作为一个真正的人的荣耀。

大家都知道美国首任总统乔治·华盛顿小时候砍樱桃树的故事。这个真实的故事一直作为有关诚实美德的典范而广为传颂。人们应该记住乔治·华盛顿的父亲对他儿子所说的话："失去了一棵树，我当然很难过，但我同时也很高兴，因为你鼓足勇气向我说了实话。我宁愿要一个勇敢诚实的孩子，也不愿拥有一个种满枝叶繁茂的樱桃树的果园。一定要记住这一点，儿子。"

坚持做一个诚实的人，就意味着要像华盛顿那样敢于承担自己的过失，而一个把自己的过失担当起来的人才会真正明白过失的分量，从而告诫自己小心谨慎，避免新的过失；相反，一个喜欢说谎的人，总是轻而易举地把自己的过失推到别人身上，他们从来就感觉不到过失的真正分量，也就不会真正留意少犯错误。诚实的人可能会因为受到责备而难受，甚至难堪，但正是这种难受与难堪会给他留下深刻印象，会激励他注意自己的行为，调整自己的行为，成为一个对自己的行为负责的人，这样的人在企业中才会不断

要保护好自己的舌头，做一个真正的人，就要付出一定的代价，甚至会牺牲眼前的利益。但只要你坚持到底，就一定会得到意想不到的回报，这回报不仅指财富，还有作为一个真正的人的荣耀。

赢得上司的信任，才会获得真正的成功；相反，说谎虽然可以让你蒙混过关，轻轻松松，但你会失去承担责任的勇气和能力，变成一个无用的人，一个不可信的人，等待你的后果将是被同事、被公司所抛弃。

有些时候，一个人说谎可能不是为了开脱自己的责任，而是为了眼前的利益，这样的事情也常在公司里发生。有一个叫大卫的年轻人，他能说会道，刚大学毕业便在著名的SM零售集团找到了一个令人羡慕的工作，每天给几家连锁店配货。一天，一位推销商找到大卫，说他那里有一些商品和SM零售集团销售的几种非常规性商品在外观和质量上差不多，并且还说他可以保证用完全一样的包装，但给大卫的进价可以比大卫通常所进的货低40%。大卫一开始有些犹豫，他说公司对销售的品种与品牌有严格的规定，而且每周都要向主管他们的经理说明货源，还要提供详细的清单。这时，推销商拿出两万美元现金，对他说："对付经理还不容易吗？动动你的舌头，动动你的笔就行了。你看，这到手的钱不拿，不是太傻了吗？"大卫看着那诱人的美钞，想着那将要得到的更多的美钞，他动心了。从此，他开始造假清单，做假汇报。但大卫毕竟是一个刚毕业的大学生，他从小受的诚实教育让他每次作假都要惶惶不安几天，尤其是对经理当面说假话的时候，更是心虚，以至于和平时说话的语气都不同了。就在他提心吊胆，想收手不干的时候，事情败露了。他被公司解雇了，并落了个不诚实的名声，此后一直找不到好的工作。

在这期间，大卫每次见到他的好朋友都要抱怨自己的舌头，还发誓将来干脆不说话。好朋友劝他不要抱怨自己的舌头，而是要保护好自己的舌头，让它说真话，还把中世纪的那个故事讲给他听。大卫不是一个不可救药的年轻人，后来他成了著名的摩根咨询中心的主任，在那里他还写了一本书，书名就叫《保护好自己的舌头》。

# 6. 诚信是一个人最内在的激情

信誉是诚信与荣誉的结合，是一个人内心深处的人格追求。诚实守信是一个人最内在的激情，一种为人和敬业的激情。一个不守信的人会常常受到内心的谴责，他没有力量可以压制住这种谴责。

信誉不仅会给一个人和一个企业带来财富，也能使人伟大而高贵。

从前，罗马附近有一座大城市，名叫迦太基。罗马人一直对迦太基人不友好，最后双方爆发了战争。有很长一段时间，双方势均力敌，各有胜负，难分高下。

据说，古罗马军队中有一位英勇善战而又从不食言的将军，名叫莱古勒斯。在罗马与迦太基的战争开始后不久，莱古勒斯成了战俘，被关在迦太基。他又生病又孤独，时常想起远在海那边的妻儿，但与他们相见的希望微乎其微。他非常爱自己的家人，但他认为自己的最高职责是效忠祖国，于是他就离开家人，参加了这场残酷的战争。

随着战争的进展，罗马军队逐步占了上风，迦太基军队的首领害怕最终遭到失败，便来监狱中找莱古勒斯谈话。"我们打算和罗马人和好，"他说，"我们

坚持做一个诚实的人，就意味着要像华盛顿那样敢于承担自己的过失，而一个把自己的过失担当起来的人才会真正明白过失的分量，从而告诫自己小心谨慎，避免新的过失。

相信，如果你的首领了解战事的发展情况的话，会乐意和我们讲和。如果你同意把我们的话告诉他，我们就把你放了，让你回家。"

"什么？"莱古勒斯问道。

"首先，"迦太基人说道，"你必须把你们输掉的那些战役告诉罗马人，而且你必须让他们明白，这场战争并没有为他们赢得任何东西。其次，你必须向我们发誓，如果他们不愿讲和，你必须回来继续坐牢。"

"很好，"莱古勒斯说，"我向你们发誓，如果他们不同意讲和，我就回来继续坐牢。"

就这样，迦太基人把莱古勒斯放了出来，因为他们清楚一个伟大的罗马人不会背信弃义。

莱古勒斯回到罗马时，人们都热情地和他打招呼。他的妻子、儿女更是兴奋不已，因为他们认为他们再也不会分开了。那些为罗马制定法律的元老院议员来见他，向他询问战争的情况。

"迦太基人把我放回来，请求你们与迦太基讲和。"他说道，"但是讲和是不明智的做法。我们确实在几场战役中遭到了失败，但我们的军队每天都在攻城拔寨。迦太基人很害怕。再坚持一段时间，迦太基就会是你们的了。至于我，我是来和妻子、儿女及罗马告别的。明天我将起程，返回迦太基继续坐牢，因为我发过誓。"

那些白发的元老院议员开始劝他留下来。"让我们派另一个人代替你。"他们说道。

"一个罗马人能说话不算数吗？"莱古勒斯说道，"我已经身染重病，活不了多长时间了。我要履行自己的诺言，返回迦太基。"

听了这些，他的妻子和孩子开始哭起来，他的几个儿子请求他不要离开他们。

"我已经发过誓，"莱古勒斯说道，"我必须遵守诺言。"

莱古勒斯和他们告别后，毅然返回迦太基的监狱，走向他所预料的死亡。

在莱古勒斯为守信而死的勇气中，我们的确能感到一种伟大和高贵。正是这种精神与激情使古罗马人成为当时世界上最强大的人。

　　凡是成就大事业的人，都是一些维护信誉的卓越典范。托马斯·布拉塞是一个有名的承包商，他一生承包了很多巨大的工程，是赫赫有名的商界巨子。他之所以能承包到别人承包不到的工程，主要的原因是他具有很高的信誉。有一次，他承包了一个有27个拱的巴润廷高架桥工程，在快完工的时候，一场大暴雨将整座桥冲垮了。这场灾难的损失达3万英镑（约合人民币24万元）。法国的律师们坚持认为：布拉塞曾经一再反对建筑中所使用的材料，因此他无论在道义上还是在法律上都不必负责。但是布拉塞却不这么认为。他说，他已经签下合同要建造并维护这条路，法律也不能使他不履行他的承诺。后来，布拉塞出资重建了这座高架桥。

　　信誉是诚信与荣誉的结合，是一个人内心深处的人格追求，而不仅仅是契约责任。美国的西点军校曾做过如下规定：学员的每句话都应当是确切无疑的。他们的口头或书面陈述必须保证真实性，故意欺骗或哄骗的口头或书面陈述都是违背西点军校的荣誉准则的。

　　在西点军校，所有的门都没有门锁，如果学生需要什么东西，譬如一本书，可以到别的同学房里借用一下。如果房间里没有人，借用的人至少要留张字条，说明他把书借走了。就是这样简单的手续。在严格的早操训练中，没有人点名，只需班长回答人到齐即可，这就是信任。但是没有人会撒谎，因为撒谎的后果是毁掉你所有的荣誉，并且你的同伴也会因此丢掉自己的荣誉。处罚更是相当的严厉。在西点人的眼里：信任，本身就是对你的一种尊重，而你利用了别

　　信誉不仅会给一个人和一个企业带来财富，也能使人伟大而高贵。

　　凡是成就大事业的人，都是一些维护信誉的卓越典范。

　　信誉是诚信与荣誉的结合，是一个人内心深处的人格追求，而不仅仅是契约责任。

人对你的尊重，这是一件让人不齿的事，你不但会因此失去眼前的一切，还会失去你一生的名声。

　　在一个团体或者一个企业里，彼此信任可以形成一种安全感，从而使每一个成员把更多的精力投入到工作中。有些人，为了取得一些小名小利，把自己的人格和名誉，像在跑马场中赌马一样肆意挥霍，这不是一件可悲的事吗？一个人有着大宗的财产，然而却为千夫所指，为万人所笑；出卖人格，出卖尊荣，出卖名誉，出卖一切有人格的人认为有价值的东西——这样的人，有财产又有何用？一个人失去了他最高贵的东西，失去了做人的资格，失去了同事的信任，又怎么能称得上是一个真正的人呢？一个不守信的人会常常受到内心的谴责，他没有力量可以压制住这种谴责，因为诚实守信是一个人最内在的激情，一种为人和做事的激情。

# 7. 翅膀硬了就飞走，
老板凭什么培养你

很多人都在困惑，为什么自己业绩突出，资历也不浅，却总是得不到老板的青睐？为什么很多人看上去资质平平，却总是能够得到老板的帮扶？人生不得意的时候，最好的办法就是反省自身，站在老板的角度看问题。在老板眼中，忠诚度不高的人在翅膀硬了后就跳槽，自己的苦心培养却为他人做了嫁衣，这是让老板们难以忍受的。

在遴选助手的时候，老板往往会将忠诚度作为最重要的考量标准。在他们看来，忠诚的员工虽然在短期内无法达到公司的预期目标，但是从长远来看，这样的投资也是值得的。技能是可以通过磨炼、教授学会的，而忠诚却不一定。一旦不忠诚的人学到了他想要的东西，马上就拍屁股走人了，这岂不是让老板白忙活一场？

霍桑·迪伦进入一家汽车制造厂已经 4 年了，他的个人能力、业绩都很不错，但是在几年时间里，老板一直都没有着力培养他的意思。迪伦很奇怪，在他看来，自己还算聪明，老板起用的那些人，有很多都是不如自己的。终于，迪伦再也忍不住了，他向老板提交了辞职申请，没过多久，老板就亲自前来对他好言劝慰。

老板说道："其实你就在公司的未来计划之内，现在为什么要选择离开呢？"

听到这样的话，迪伦有些生气，他回答老板说："可是我觉得您刚才说的并不是真心话，我认为自己已经非常主动了，但最后学到的东西却很少，这一定是什么地方出错了。"

没有人喜欢那些爱和自己争论的员工。于是第二天，老板就同意了迪伦的辞职申请。

暂时失业的迪伦决定好好放松一下自己，在他眼里，那个不重视自己、放手让他离开的老板简直就是有眼无珠。同时，在这段时间里，迪伦还打听到，老板新任命了一位技术研发部经理——34岁的乔伊·罗斯切特。这一点让迪伦感到非常吃惊，因为他刚进公司时就听人说过，罗斯切特以前是一名清洁工，为公司干了6年临时工之后才被正式聘用，等到迪伦加入公司的时候，他已经是部门主管了。

对于罗斯切特的高升，迪伦十分不满意，他对朋友预言说："将这样的位子交给罗斯切特是非常不合理的，以他的能力，只能在后勤管理上做点贡献。而且，在那样一个老板的带领下，他能撑3个月就要烧高香了。"

没过多久，迪伦便在另外一家公司找到了工作。3个月过去了，罗斯切特并没有像迪伦预言的那样不堪重负，反倒在这一职位上做得有声有色，为公司创造了非常大的财富。心有不甘的迪伦通过内部消息源得知，罗斯切特能够在工作方面有所突破，完全是因为老板在后面鼎力相助，也就是说，老板的培养起到了很大的作用。

为什么老板愿意将自己的精力投入在一位学历不高、起步很低，而且看上去也不够年轻的人身上呢？这一点令迪伦百思不得其解。3年过去了，罗斯切特已经买下了公司一小部分股权，成了老板背后的"小老板"。现在迪伦没有什么话好说了，他开始反思自己。在过去的3年里，他又换了两家公司，虽然努力工作，但是在离职之时，并没有人刻意挽留他。迪伦渐渐变得成熟了，他知道自己马上就要

30岁了，继续频繁跳槽只会有害无益。一次偶然的机会，他遇见了罗斯切特，顺便请对方小坐了一会儿，并向人家取经。

很显然，对于3年前的事情，罗斯切特依然记得很清楚。"其实当初你离开的时候，老板心中还是很惋惜的，我觉得假如你再坚持一段时间，情况就大不一样了。"

迪伦听后，撇了撇嘴说："我和你不一样，老板愿意手把手地教你，而对我他却很少过问，做好做坏都一样，这正是我从那里离开的原因。"

听到这样的话，罗斯切特笑了笑说："亲爱的霍桑，其实在很久以前，我和你的看法是一样的，以为老板不愿意着手培养自己，继续待在这里也就没有什么意义了。但是后来我也做了老板，站到老板的立场上，就发现，原来领导提拔新人，都是为公司未来做打算的，他不会要一个动不动就想要跳槽、对公司不够忠心的人。"

迪伦这才恍然大悟，只有站在老板的角度才能明白，如果一个人对自己不够忠心，自己又为什么要下功夫培养他呢？以前，迪伦总是喜欢在闲暇的时候和同事一起抱怨工资太低，并且多次谈论其他公司待遇高、福利好。这些实际上都是一个人心猿意马的表现，虽然从一定意义上来说，这都只是一些鸡毛蒜皮的小事，但在老板心中留下了非常不好的印象。最重要的是，为了让老板重视自己，迪伦总是向老板透露一些"自己遭到挖墙脚"的信息，暗示自己是一个备受关注的"抢手货"。所谓人在河边走，哪能不湿鞋，这样的意思表达多了，老板就会怀疑你"蠢蠢欲动"了。

可以说，正是这些鸡毛蒜皮的小事让老板将迪伦

领导提拔新人，都是为公司未来做打算的，他不会要一个动不动就想要跳槽、对公司不够忠心的人。

排除在了公司的未来发展之外。作为下级员工，我们要明白，领导培养新人、提拔下属，目的就是为了给自己分忧，让自己所在的团队更具竞争力。没有忠诚度的员工，今天教会了他本事，明天就拍屁股走人，这不是让老板的时间和精力打水漂吗？每个人的时间是不等价的，2005年的时候，沙特王子瓦利德·萨乌德每分钟的收入就达到了2664美元，这个时候如果地上有100美元，他也许不会浪费3秒钟的时间将其捡走，因为他的一秒钟就等于44.4美元。老板的时间是非常宝贵的，我们不能用自己的标准去衡量老板"为什么不乐意停下来多嘱咐自己一句"——在我们看来是非常简短的时间，在老板那里却是非常宝贵的。如果想要让老板花费时间和精力培养你，就需要好好估量自己是否值得。

同时，老板在培养员工的时候，还会充分考虑这个人会不会被其他公司挖走。这样的例子也有很多，不少老板辛辛苦苦将一个新手培养成独当一面的大将，到最后却遭到竞争对手挖墙脚。在老板看来，培养新人是一个非常复杂的问题，一旦做得不好，就会为自己树起强敌，有种养虎为患的味道了。

所以，只有在工作中表现出自己的诚意，对公司显示出自己的忠心，才能得到老板的青睐，进而考虑是否下功夫培养你。在工作中没有进步是最令人头疼的事情，不仅个人实力上不去，薪水也会原地踏步。因此，员工必须要通过不断的学习来强化自身素质，再加上上级领导的悉心指导，有了这两方面的因素之后，一个集体才能进入良性发展阶段。

## 8. 精神力量可以让你爆发出更强大的实力

和牧羊犬一样，一个人的精神力量也可以转化为实力，使自己实力倍增，发挥出惊人的力量。

一般而言，一只猎狗如果和狼搏斗，结果是凶多吉少的，然而在现实中，牧羊犬护主心切，也可以击退一头年富力强的猎豹。和牧羊犬一样，一个人的精神力量也可以转化为实力，使自己实力倍增，发挥出惊人的力量。

蓝妮·威廉姆斯是一家小型服装公司的出纳员，不幸的是，当她加入公司的时候，公司的财务运营出现了危机，老板查尔斯先生快要撑不下去了。在威廉姆斯到这里工作的第四个月，查尔斯就找到她，告诉她接下来可以不用来了："这并不是你的错，蓝妮小姐，只能说我的公司需要尝试一下改变。"

威廉姆斯有些伤感，她知道公司在财务运营上出现了大问题，不得不通过裁员来暂缓危机。于是，威廉姆斯离开了公司。

出人意料的是，一个月之后，查尔斯先生又找到了威廉姆斯，请她帮一个忙。原来在交接任务的时候，接替威廉姆斯小姐的人将一份重要资料弄丢了，这是一笔价值 20 万美元的账单，查尔斯很着急。

在离开查尔斯的公司之后，原来的事情按理说和威廉姆斯早已没有关系了。更何况，一个月以前的文件，让她从哪里找呢？但是威廉姆斯没有推辞，她知道这对查尔斯来说非常重要，于是便利用空余时间，忙碌了整整一个礼拜，终于将丢失的资料重新搜集好了。

经过这件事情之后，查尔斯对威廉姆斯的好感也极大提升了。他请对方吃饭，并且对于过去的事情表达了歉意："关于工作的事情，真的是非常遗憾，我放走了你这样一个优秀的人。"

"倒也不是，如果需要，我随时都愿意为公司效力。"威廉姆斯回答。

听到这句话之后，查尔斯既高兴又无奈，他难为情地笑了笑说："我已经准备好了，再过两个月就停产，我连求职简历都写好了。"

"没关系，"威廉姆斯说，"我不收你一分钱，或许接下来的一个月里你会遇到更多的财务结算，我会利用休息时间来帮你打点的。"

"对不起蓝妮小姐，非常感谢你的好意，但是我不喜欢他人的同情……"

威廉姆斯安静地听查尔斯将话说完，然后缓缓地说了一句："这不是同情，老板，这是我毕业之后入职的第一个公司，我做不了太多事情，但是只要它还存在一天，我就想忠于它一天。"

事情就这样定了，由于公司马上就要破产了，所以进进出出的账目十分繁杂。每天下班之后，威廉姆斯都会坐半个小时的车赶到原来的公司，帮助老板清算账目。由于账目太多，威廉姆斯通常都要干 4 个小时，算上来回的车程，她每天需要多付出 5 个小时的时间。出人意料的是，在接下来的一个月里，查尔斯的公司接到了几笔非常大的订购单，于是查尔斯又暂缓了关门的打算。

随后，由于公司上下通力合作，查尔斯的公司起死回生了。很快，查尔斯找到了威廉姆斯，将她请回了公司，并且任命她为财务部经理。经过这一次重大考验之后，威廉姆斯的个人能力也得到了极大的提升，现在从她的身上已经看不到半点初离校园时的学生气了，在安排任务、制定策略上她也是游刃有余。在随后 5 年的时间

没有任何借口

里，查尔斯的公司一再扩大，很快就成了当地最大的服装厂。在这5年里，威廉姆斯也受到了其他公司的邀请，很多老板都想要将这个忠心耿耿的人才收编到自己帐下，但是威廉姆斯一一拒绝了。在威廉姆斯的帮助下，查尔斯的事业越做越大，10年之后，他的公司成功上市，这个时候，威廉姆斯也早已经成为公司的副总了。

可以说，威廉姆斯的忠心在查尔斯的事业起飞当中起到了非常重要的作用。她并没有因为此前被老板辞退而耿耿于怀，反倒在忠诚心的激励下，更好地完成了自己的任务。在威廉姆斯模范作用的感召下，查尔斯也更加努力工作，终于使自己的公司起死回生。

对公司忠心不二，可以从一定程度上激发一个人的潜能，使之爆发出更为惊人的能量。就好比为了保护主人而和猎豹搏斗的牧羊犬一样，精神意志可以在很大程度上提升一个人的实力。具体到威廉姆斯身上，她在最初的时候只是一个普通的职场新人，一切都还在学习当中，但是由于她对原公司的忠心，她毫无怨言地加班加点，成功地处理了一大批在老员工看来都非常棘手的问题。

公司面临的困境更是让威廉姆斯发奋工作的动力之一，大量的实战检验表明，正是由于她对公司的忠心，才最大限度地激发了她个人能力的提升。而对于那些一看到老板支撑不住就急忙为自己寻找退路的人来说，他们对于领导、老板没有丝毫的忠诚度可言，工作换了一个又一个，结果只是原地踏步、不瘟不火地工作着。

很多人看到威廉姆斯30岁出头就当上一家大型企业的副总，心中难免愤愤不平，他们总是会奇怪，为

对公司忠心不二，可以从一定程度上激发一个人的潜能，使之爆发出更为惊人的能量。

对于很多人来说，他们缺少的并不是胜任工作的能力，而是忠于职守、战胜一切困难的意志。

什么这样一个年纪轻轻的女孩子，会撞上如此的好运？公司当中还有很多能力和她相当，甚至是远远超过她的人，但为什么她就能够得到老板的信任？很显然，这些人都只是看到威廉姆斯年轻的一面。从业务能力、管理技巧方面来说，威廉姆斯确实不算出类拔萃，但是在过去的 15 年里，但凡公司遇到危机，她都会发挥出惊人的能量。这一切动力的来源，就在"忠诚"二字上。

对于很多人来说，他们缺少的并不是胜任工作的能力，而是忠于职守、战胜一切困难的意志。身材相对瘦小的牧羊犬是无法和猎豹相抗衡的，刚刚涉足职场的威廉姆斯看似也很难胜任部门经理这样的高级职位。但是出于对主人、老板的忠诚，它和她都顺利地完成了任务，在此期间，延展性极强的精神力量是非常重要的。所以，在很多时候，追求忠诚也可以激发一个人的潜力，让他迸发出更为惊人的能量。

# 责任重于才干

# 1. 天赋责任，不容推卸

第一个到西点军校访问的地方大学历史教授莫
顿·杰伊·卢瓦斯曾感慨万千地说："西点人对待自己工
作的那种强烈的责任感是无价之宝。"这位教授通过长时
间的考察发现，同西点人一起工作，使人精神振奋。正
是责任，使西点人在困难时能够坚持，永不绝望，永不
放弃；责任使西点人对自己的职责忘我地坚守，尽力出
色地完成。

我们生活在这个世上，每个人都对自己和他人负有责任。责任
的范围是无限的，它存在于生活的每个角落。我们无法选择富有或
贫穷，无法选择幸福或不幸，但是我们可以选择在生活中履行自己
的责任。以全部的代价和最大的风险来服从责任，这是文明生活达
到最高层次后的人的行为。

人生的责任不可推卸，我们必须服从职责的召唤，直至生命结
束。从最纯粹的意义来说，责任具有的某种强制性，使得人们在履
行时永远用不着去犹豫。责任无处不在，履行时不应考虑是否会有
任何自我牺牲。

走进西点军校，给人最强烈的感受首先是无处不在的责任意识。
西点学员章程规定：每个学员无论在什么时候，无论在什么地方，无
论穿军装与否，也无论是在担任警卫、值勤等公务还是在进行自己
的私人活动，都有义务、有责任履行自己的职责和义务。这种履行

必须是发自内心的责任感，而不是为了获得奖赏或别的什么。当一个学员离开西点军校时，他会觉得没有任何事情可以比承担起国家安危的职责更伟大。

第一个到西点军校访问的地方大学历史教授莫顿·杰伊·卢瓦斯曾感慨万千地说："西点人对待自己工作的那种强烈的责任感是无价之宝。"这位教授通过长时间的考察发现，同西点人一起工作，使人精神振奋。正是责任，使西点人在困难时能够坚持，永不绝望，永不放弃；责任使西点人对自己的职责忘我地坚守，尽力出色地完成。

西点人都知道这样一个故事：

一个漆黑的大雪天，中士约翰正匆匆忙忙地往家赶。当他经过公园的时候，一个人拦住了他。"对不起，打扰了，先生，您是位军人吗？"看起来，这个人很焦急。约翰不知道发生了什么："噢，当然，我能够为您做些什么吗？"

"是这样的，刚才我经过公园的时候，听到一个孩子在哭，我问他为什么不回家，他说，他是士兵，他在站岗，没有命令他不能离开这里。谁知道和他一起玩儿的那些孩子都跑到哪里去了，大概都回家了。天这么黑，雪这么大。"这个人说，"我说，你也回家吧，他说不，他必须得到命令，站岗是他的责任。我怎么劝他回去，他也不听，只好请先生帮忙了。"

约翰的心为之一振，"好的，我可以帮这个忙。"他说。

约翰和这个人一起来到公园，在一个不显眼的地方，有一个小男孩在那里哭，但却一动不动的。约翰走过去，敬了一个军礼，然后说："下士先生，我是中士约翰·格林，你为什么站在这里？"

我们无法选择富有或贫穷，无法选择幸福或不幸，但是我们可以选择在生活中履行自己的责任。以全部的代价和最大的风险来服从责任，这是文明生活达到最高层次后的人的行为。

"报告中士先生，我在站岗。"小孩停止了哭泣，回答说。

"天这么黑，雪这么大，为什么不回家？"约翰问。

"报告中士先生，这是我的责任，我不能离开这里，因为我还没有得到命令。"小孩回答。

"那好，我是中士，我命令你回家，立刻。"约翰的心又为之震了一下。

"是，中士先生。"小孩高兴地说，然后还向约翰敬了一个不太标准的军礼，撒腿就跑了。

约翰先生和这位陌生人对视了很久，最后，约翰先生说："他值得我们学习。"

我们这个世界需要的正是这样一种深深的责任感。我们不仅对自己负有责任，我们还对别人负有责任。天赋责任，不容推卸，正是责任把所有的人联结在一起，任何一个人对责任的懈怠都会导致恶果。

在任何企业中，每一个人都承担着一定的责任，不要以为自己只是一名普通的员工，其实你能否担当起你的责任，对整个企业而言，同样有很大的意义。

你会因为具有责任感而被雇用。你能够培养和锻炼自己的责任感。你可以锻炼自己的技能、理解力和态度，使得自己能够像一个负责任的人那样行动。

每一个老板都清楚他自己最需要什么样的员工，如果你常常趁经理不注意时偷偷地开小差，总是为不能按时完成任务寻找借口，或者将本来属于自己的工作推托给其他的同事，并总是认为别人比自己干得少；抑或当老板布置一项任务时，你不停地提出这项任务有多艰巨……你一定是一个极其糟糕的员工，不但老板想开除你，你自己也必然对自己丧失信心，因为放弃责任，也就放弃了一种积极向上的生活。社会学家戴维斯说："放弃了自己对社会的责任，就意味着放弃了自身在这个社会中更好地生存的机会。放弃承担责任，或者蔑视自身的责任，这就等于在可以自由通行的路上自设路障，

没有任何借口

摔跤绊倒的也只能是自己。"

其实，对责任感的推崇，绝非限于军校，富有强烈责任感的人会受到全社会的尊重。马拉松比赛的设立，就是为了纪念以生命捍卫责任的希腊士兵菲迪皮茨。公元前490年，希腊和波斯在马拉松平原上展开了一次激烈的战斗，希腊士兵打败了前来侵略的波斯人。将军命令士兵菲迪皮茨要在最短的时间内将捷报送到雅典，以激励身陷困顿的雅典人。菲迪皮茨接到命令后从马拉松平原不停顿地跑回雅典（全程约40千米），当他跑到雅典把胜利的消息带到的时候，自己却累死了。后来，希腊人为了纪念这位英雄的士兵，于1896年在希腊雅典举办的近代第一届奥林匹克运动会上，就用这个距离作为一个竞赛项目，用以纪念这位士兵，也为了激励那些勇于承担责任、坚持完成任务的人。

责任是对人生义务的勇敢担当，责任也是对生活的积极接受。天赋责任，我们必须承担。当然，肩负责任是有压力的，然而，对承担责任的回报将是自信、被尊重和有力量的感觉。当一个人能够意识到自己的责任时，他又在完善自己的路上迈出了一大步。作为一名企业员工，责任意味着做好企业赋予你的任何有意义的事情。

人生的责任不可推卸，我们必须服从职责的召唤，直至生命结束。

从最纯粹的意义来说，责任具有的某种强制性，使得人们在履行时永远用不着去犹豫。承担责任，是一个人的全部。

# 2. 工作就意味着责任

没有责任感的军官不是合格的军官，没有责任感的
员工不是优秀的员工。责任感是简单而无价的。工作就
意味着责任，责任意识会让我们表现得更加卓越。

西点学员章程规定：每个学员无论在什么时候，无论在什么地
方，无论穿军装与否，也无论是在担任警卫、值勤等公务还是在进
行自己的私人活动，都有义务、有责任履行自己的职责和义务。这
种履行必须是发自内心的责任感，而不是为了获得奖赏或别的什么。

这样的要求是非常高的。但西点军校认为，没有责任感的军官
不是合格的军官。同样，对一个企业来说没有责任感的员工不是优
秀的员工，对一个国家来说没有责任感的公民不是好公民。在任何
时候，责任感对自己、对国家、对社会都不可或缺。正是这样严格
的要求，让每一个从西点军校毕业的学员获益匪浅。

西点军校认为，一个人要成为一名好军人，就必须遵守纪律，
有自尊心，对于他的部队和国家感到自豪，对于他的同志们和上级
有高度的责任感，对于自己表现出的能力有自信。我认为，这样的
要求，对每一个企业的员工同样适用。

要将责任根植于内心，让它成为我们脑海中一种强烈的意识，
在日常行为和工作中，这种责任意识会让我们表现得更加卓越。我
们经常可以见到这样的员工，他们在谈到自己的公司时，使用的代
名词通常都是"他们"而不是"我们"，"他们业务部怎么怎么样""他

没有任何借口

们财务部怎么怎么样"，这是一种缺乏责任感的典型表现，这样的员工至少没有一种"我们就是整个机构"的认同感。

责任感是不容易获得的，原因就在于它是由许多小事构成的。但是最基本的是认真做好每一件事，无论多小的事，都应做得更好。比如，该到上班时间了，可外面阴冷地下着雨，而被窝里又那么舒服，你还未清醒的责任感让你在床上多躺了两分钟，此时你一定会问自己，你尽到职责了吗？还没有……除非你的责任感真的没有发芽，你才会欺骗自己。对自己的慈悲就是对责任的侵害，必须去战胜它。

责任感是简单而无价的。据说美国前总统杜鲁门的桌子上摆着一个牌子，上面写着：Book of stop here（问题到此为止）。他桌子上是否有这样一个牌子，我不能去求证，但我想告诉大家的是，这就是责任。如果在工作中，对待每一件事都是"Book of stop here"，我敢说，这样的公司将让所有人为之震惊，这样的员工将赢得足够的尊敬和荣誉。

有一个替人割草打工的男孩打电话给布朗太太说："您需不需要割草？"布朗太太回答说："不需要了，我已有了割草工。"男孩又说："我会帮您拔掉草丛中的杂草。"布朗太太回答："我的割草工已做了。"男孩又说："我会帮您把草与走道的四周割齐。"布朗太太说："我请的那人也已做了，谢谢你，我不需要新的割草工人。"男孩便挂了电话。此时男孩的室友问他说："你不是就在布朗太太那儿割草打工吗？为什么还要打这个电话？"男孩说："我只是想知道我究竟做得好不好！"

多问自己"我做得如何"，这就是责任。

还有一个美国作家的例子。有一次，一个小伙子

正是责任，使西点人在困难时能够坚持，永不绝望，永不放弃。

要将责任根植于内心，让它成为我们脑海中一种强烈的意识，在日常行为和工作中，这种责任意识会让我们表现得更加卓越。

向一位作家自荐，想做他的抄写员。小伙子看起来对抄写工作是完全胜任的。条件谈妥之后，作家就让那个小伙子坐下来开始工作，但是小伙子朝外边看了看教堂上的钟，然后心急火燎地对他说："我现在不能待在这里，我要去吃饭。"于是作家说："噢，你必须去吃饭，你必须去！你就一直为了今天你等着去吃的那顿饭祈祷吧，我们两个永远都不可能在一起工作了。"作家说那个小伙子曾对他说过，自己因为得不到雇用而感到特别沮丧，但是当他有了一点点起色的时候却只想着提前去吃饭，而把自己说过的话和应承担的责任忘得一干二净。

工作就意味着责任。在这个世界上，没有不须承担责任的工作，相反，你的职位越高、权力越大，你肩负的责任就越重。不要害怕承担责任，要立下决心，你一定可以承担任何职业生涯中的责任，你一定可以比前人完成得更出色。

世界上最愚蠢的事情就是推卸眼前的责任，认为等到以后准备好了、条件成熟了再去承担才好。在需要你承担重大责任的时候，马上就去承担它，这就是最好的准备。如果不习惯这样去做，即使等到条件成熟了以后，你也不可能承担起重大的责任，你也不可能做好任何重要的事情。

每个人都肩负着责任，对工作、对家庭、对亲人、对朋友，我们都有一定的责任，正因为存在这样或那样的责任，才能对自己的行为有所约束。寻找借口就是将应该承担的责任转嫁给社会或他人。而一旦我们有了寻找借口的习惯，那么我们的责任之心也将随着借口烟消云散。没有什么不可能的事情，只要我们不把借口放在面前，就能够做好一切，就能完全地尽职尽责。

借口让我们忘却责任。事实上，人通常比自己认为的更好。当他改变自己心意的时候，并不需要去增进他所拥有的技能。他只需要把已有的技能与天赋运用出来就行。这样，他才能够不断地树立起责任心，把借口抛弃掉。

千万不要自以为是而忘记了自己的责任。对于这种人，巴顿将军的名言是："自以为了不起的人一文不值。遇到这种军官，我会马上调换他的职务。每个人都必须心甘情愿地为完成任务而献身。一个人一旦自以为了不起，就会想着远离前线作战。这种人是地道的胆小鬼。"

巴顿想强调的是，在作战中每个人都应付出，要到最需要你的地方去，做你必须做的事，而不能忘记自己的责任。

千万不要利用自己的功绩或手中的权力来掩饰错误，从而忘却自己应承担的责任。人们习惯于为自己的过失寻找种种借口，以为这样就可以逃脱惩罚。正确的做法是，承认它们，解释它们，并为它们道歉。最重要的是利用它们，要让人们看到你如何承担责任和如何从错误中吸取教训。这不仅仅是一种对待工作的态度，这样的员工也会被每一个主管所欣赏。

责任感是不容易获得的，原因就在于它是由许多小事构成的。但是最基本的是认真做好每一件事，无论多小的事，都能够比以往任何人做得更好。

# 3. 负责任的人是成熟的人

　　　　负责任、尽义务是一个人成熟的标志。几乎每个人做
错了事都会寻找借口。对于责任，谁也不想主动去承担，而
对于获益颇丰的好事，邀功领赏者不乏其人。负责任的人
是成熟的人，他们对自己的言行负责，他们能把握自己的行
为，做自我的主宰。每一个成熟的企业，都应该教育自己
的员工增强责任感，就像培养他们其他的优良品质一样。

　　"回应"就是"答复"，相应地，"有所回应的"就是"有所答复
的"，就是"负责任的"。不负责任的行为就是不成熟的行为。负责
任、尽义务是一个人成熟的标志。我们努力教育孩子成长为负责任
的人，就是在帮助他们走向成熟。詹姆斯·麦迪逊独具慧眼，在《联
邦党人者文集》第 63 节中给"责任"做了明确的界定："责任必须限
定在责任承担者的能力范围之内才合乎情理，而且必须与这种能力
的有效运用程度相关。"不成熟的人还不完全具有承担责任的能力。

　　这是一个不言自明的道理：世上的事都是由人去做的，这些人有
能力去完成它。我们必须独自承担或与他人共同承担的责任依社会
结构和政治体制而变更，但唯有一点不会改变：越是成熟，责任越
重。伊甸园中的亚当被发现偷吃禁果之后，把责任推给了夏娃，这
是不成熟的表现。夏娃随之又开罪于骗人的毒蛇，这也是欠成熟之
举。当兄弟或伙伴们被叫到一起承认错误时，"是她（他）叫我干的"
就成为亘古不变的托词。

没有任何借口

事情还远不止于此。这种无意中流露出的不成熟通常会延续到成年时期。几乎每个人做错了事都会寻找借口。在华盛顿，政客们都习惯于用"发生了错误"这种被动语态来逃避谴责。对于责任，谁也没有主动去承担，而对于获益颇丰的好事，邀功领赏者不乏其人，尽管许多从事公益事业的人都熟知一句格言：只要你并不关心谁将受赏，做好事将永无止境。

归根结底，我们要为塑造自我而负责。"我就是这种人！"不该成为冷漠或可耻行为的借口。这种说法甚至也不够准确，因为我们不可能永远不变。亚里士多德特别强调，我们怎样定义自己，我们就成为怎样的人。英国哲学家玛丽·麦金莱在《人与兽》中指出："存在主义最精辟、最核心的观点就是把承担责任作为自我塑造的主旨，抛弃虚伪的借口。"

19世纪存在主义鼻祖之一的索伦·克尔凯郭尔感叹芸芸众生中责任感的丧失，在《对我著作事业的看法》这本书中，他写道："群体的含义等同于伪善，因为它使个人彻底地顽固不化和不负责任，至少削弱了人的责任感，使之荡然无存。"圣·奥古斯丁在他的《忏悔录》中把这种屈服于同辈压力的弱化的责任感作为对青年时代破坏行为进行反思的主要内容。"这全是因为当别人说'来呀，一起干吧！'的时候，我们羞于后退。"奥古斯丁、亚里士多德及存在主义者都坚持认为人们应对自己的行为负责。缺乏责任感并不能否认责任存在的事实。

负责任的人是成熟的人，他们对自己的言行负责，他们能把握自己的行为，做自我的主宰。每一个成熟的企业，都应该教育自己的员工增强责任感，就像培养他们其他的优良品质一样。

世上的事都是由人去做的，这些人有能力去完成它。我们必须独自承担或与他人共同承担的责任依社会结构和政治体制而变更，但唯有一点不会改变：越是成熟，责任越重。

# 4. 自觉是责任感的核心

> 责任感与自觉意识是密不可分的，而自觉是责任感的核心要素。履行责任的最佳形式就是悄然无声地去做，以这种方式可以把事情办得漂亮和成功。人应以一种奉献和高尚的精神来做自己的工作，来履行自己的职责。没有人能毁灭我们的精神，它只能自我泯灭。但是，只要我们有心让自己和他人过得更好一点、更美一点、更舒服一点，我们也许就能使自己做到最好。

履行责任的最佳形式就是悄然无声地去做，不要让任何人发现。这需要一种完全的自觉意识。责任感与自觉意识是密不可分的，而自觉是责任感的核心要素。一个行为上具有责任感的人首先会清楚自己的处境和感觉，然后施展自己的能力，控制自己的反应。

在西点军校，责任的范围很宽泛，甚至没有明确的规定，既可以是学习的、军事的责任，也可以是生活的、社交的责任，甚至包括伦理的责任。每个学员都要在责任感的基础上做出正确选择，任何细小的事情都不能率性而为，都不能不计后果。而一切行为，最后都必须来自发自内心的自觉意识。

1962年6月，麦克阿瑟在西点军校发表演说，以西点军校历代的伟大领袖为典范，阐释了作为军人所必须具有的责任感："诸位是西点军校所培养的伟大将领和军事精英，肩负着战时的全国命运。这一长列穿着灰色制服的军士，从没有辜负过国人的期许。倘若你们辜负国人的期许，立刻会有上百万的军魂，穿着草黄色、棕色、蓝色、灰色制服的军魂，从白色十字架下翻身起来，对着你们齐声高喊'责任、荣誉、国家'。"

学生如果必须勉强自己做些并不想做的事情，他们心里可能会想："我不懂做这件事有什么用，不过麦克阿瑟跟我做过一样的事情，葛兰特、巴顿也是一样，他们之所以成为伟大的领袖，与做这样的事情一定有关系！"正是各种强制性的手段和影响，形成了西点学员习惯性的自觉意识。

当我们具备了强烈的自觉意识后，我们会很好地担负起我们应尽的责任。

一个星期六的上午，勃比带着他的两个儿子去高尔夫球场打球。

他走到球场售票处，问那里面的工作人员："请问门票是多少钱？"

里面的年轻人回答他："我们这个球场让6岁以下的儿童免费进入，所有满6周岁的人进入球场都需要交3美元，先生，请问你的两个孩子多大年纪了？"

勃比回答道："我们家未来的律师3岁了，我们家未来的医生7岁了，所以我想我应该付给你3美元，先生。"

柜台后的年轻人有点惊讶地说："嘿，先生，你是刚刚中了六合彩还是其他什么了，你本来可以为自己节省3美元的，即便你告诉我那个大一点的孩子6岁的话，我也看不出有什么差别的。"

勃比是这样回答的："对，你的确不会看出其中的差别，但是我的孩子们会知道这其中的差别的。作为父亲，我有责任不让他们小小年纪就学会去欺骗别人。"

负责任的人是成熟的人，他们对自己的言行负责，他们能把握自己的行为，做自我的主宰。

责任感与自觉意识是密不可分的，而自觉是责任感的核心要素。一个行为上具有责任感的人首先会清楚自己的处境和感觉，然后施展自己的能力，控制自己的反应。

正是有了这种强烈的自觉，勃比为孩子树立了诚实的榜样，他是一个非常称职的父亲。

一名员工做事情是不能靠主管在后面挥动鞭子的，要靠自己有一种自觉和尊严，让责任感变成一种原动力。希尔顿饭店正是如此，像下面这样的事情是经常发生的：有一次，一对老夫妇要订房间，服务生查了一下电脑，保留的房间都订完了，"先生，太太，我们附近还有几家不错的饭店，档次跟我们是一样的，要不要我帮你试试看？"他礼貌地说。服务生先领老夫妇去喝了杯咖啡，过一会儿他过来说："我们后面的喜来登大酒店还有一个房间，档次跟我们是一样的，还便宜20美元，要不要？"老夫妇高兴地说："Why not（为什么不呢）？"之后服务生又把老夫妇和他们的行李送上车。

希尔顿员工的这种行动根本不是在主管的监督下做的，这完全是一种出于责任感的自觉行为，这已经变成一种原动力，使员工在工作中做出的一种出于责任感的自觉行为，这已经变成一种原动力，使员工在工作中总是具有出色的表现。

履行责任的最佳形式就是悄然无声地去做，以这种方式可以把事情办得漂亮和成功。人应以一种奉献和高尚的精神来做自己的工作，来履行自己的职责。没有人能毁灭我们的精神，它只能自我泯灭。但是，只要我们有心让自己和他人过得更好一点、更美一点、更舒服一点，我们也许就能使自己做到最好。

没有任何借口

# 5. 真正的负责是对结果负责

> 事实上，对于真正负责任的人，如
> 果你只让他为过程负责，他是不会高兴
> 的。因为这使他没有机会展示自己的创
> 造力、判断力和决断力，也感觉不到自
> 己做出了贡献。

对于一个真正负责任的人，你只需要告诉他你需
要的结果，他就能把这件事情处理好。美西战争初
期，美国总统希望与古巴的反叛者联络合作，问题是
如何把这个消息带给隐藏在古巴山区、行踪不定的反
叛者领袖加西亚。有人告诉总统："想找一个能把信带
给加西亚的人，非安德鲁·罗文上尉莫属。"果然，罗文
接过信，用油布袋子装好，四天之后，他乘一艘小船
来到了古巴海岸，化装成一个英国运动员，走进了茫
茫的丛林。三个星期后，他从古巴岛的另一边出来，
任务完成了。

罗文接受命令时，没有问问题。他只是向总统敬
了一个礼，然后就离开了。至于他如何克服困难，完
成任务，则成了那场战争的奇迹之一。全球各地的领
导人都希望找到像罗文这样的人为他们工作——不抱
怨，甚至不需要上级给出完整的指令，但却值得信

赖，能够帮助他们"把信带给加西亚"。

林肯说："人所能负的责任，我必能负；人所不能负的责任，我亦能负。如此，才能磨炼自己。"

事实上，对于真正负责任的人，如果你只让他为过程负责，他是不会高兴的。因为这使他没有机会展示自己的创造力、判断力和决断力，也感觉不到自己做出了贡献。

演说家格里·富斯特讲了一个简单的故事，从这个故事中，可以对责任感的强弱做出比较清晰的分辨。作为一个公众演说家，富斯特发现自己能够成功最重要的一点是让顾客及时见到他本人和他的材料。事实上，这件事情如此重要，以至于富斯特管理公司有一个人的专职工作就是让他本人和他的材料及时到达顾客那里。

"最近，我安排了一次去多伦多的演讲。飞机在芝加哥停下来之后，我往公司办公室打电话以确定一切都已安排妥当。我走到电话机旁，一种似曾经历的感觉浮现在脑海中。8年前，同样是去多伦多参加一个由我担任主讲人的会议，同样是在芝加哥，我给办公室里负责材料的琳达打电话，问演讲的材料是否已经送到多伦多，她回答说：'别着急，我在6天前已经把东西送出去了。''他们收到了吗？'我问。'我是让联邦快递送的，他们保证两天后到达。'"

让我们分析一下这段对话。或者说，让我们分析一下这两个对话，因为它们实际上是两个对话。一个是关于活动的，而另一个是关于结果的。

不太有责任感的人往往会为行为承担责任，而那些更负责任的人，往往是对结果负责。

琳达当然知道自己是负责任的。她获得了正确的信息（地址、日期、联系人、材料的数量和类型）。她也许还选择了适当的货柜，亲自包装了盒子以保护材料，并及早提交给联邦快递为意外情况留下了时间。但是，正如这段对话所显示的，她没有负责到底，直到有确定的结果。富斯特继续讲他的故事。

"那是8年前的事情了。随着8年前的记忆重新浮现，我的心里有些忐忑不安，担心这次再出意外，我接通了助手艾米的电话，说：'我的材料到了吗？''到了，艾丽西亚3天前就拿到了。'她说，'但我给她打电话时，她告诉我听众有可能会比原来预计的多400人。不过别着急，她把多出来的人的材料也准备好了。事实上，她对具体会多出多少人也没有清楚的预计，因为允许有些人临时到场再登记入场，所以我怕400份不够，为保险起见寄了600份。还有，她问我你是否需要在演讲开始前让听众手上有资料。我告诉她你通常是这样的。但这次是一个新的演讲，所以我也不能确定。所以，她决定在演讲前发资料，除非你明确告诉她不这样做。我有她的电话，如果你还有别的要求，今天晚上可以找到她'。"

问一个简单的问题：哪一个——琳达还是艾米，会更好地为公司工作？显而易见，你喜欢艾米，富斯特当然也是这么选的。艾米让富斯特更放心，因为艾米是为结果负责。她知道结果是最关键的，在结果没有出来之前，她是不会休息的。

领导者们普遍认同一个观点：希望员工为结果负责。他们常常为那些只为自己的行为过程负责的员工感到烦恼。在生产线出现的一个很小的错误，如果当场解决后，浪费的财产可能是1美元；当把这个机器装到现场的时候，造成的损失至少是1000美元。领导总是愿意寻找那些具有"寻求结果"倾向的人，这些人一旦认识到眼下的行为对结果不利，就能够迅速改变做事的方法。

当一个人能对事情的结果负责时，他必能担当起重任。不爱江山爱美人的温莎公爵正是这样一个对结果负责的人。有一次，英国王室为了招待印度当地居

对于真正负责任的人，如果你只让他为过程负责，他是不会高兴的。因为这使他没有机会展示自己的创造力、判断力和决断力，也感觉不到自己做出了贡献。

民的首领，在伦敦举行晚宴，其时还是"皇太子"的温莎公爵主持这次宴会。宴会中，达官贵人们觥筹交错，相与甚欢，气氛融洽。可就在宴会结束时，出了这么一件事，侍者为每一位客人端来了洗手盆，印度客人们看到那精巧的银制器皿里盛着亮晶晶的水，以为是可以喝的，就端起来一饮而尽。作陪的英国贵族目瞪口呆，不知如何是好，大家纷纷把目光投向主持人。温莎公爵神色自若，一边与客人谈笑风生，一边也端起自己面前的洗手水，像客人那样"自然而得体"地一饮而尽。接着，大家也纷纷效仿，本来会造成的难堪与尴尬顷刻释然，宴会取得了预期的成功，当然也就使英国国家的利益得到了进一步的保证。没有对国家彻底的负责精神，"皇太子"要在这样的场合喝下洗手水是很难想象的。

还有一个流传久远的故事，告诉了我们要对结果负责，就必须对行动的细节负责。

国王查理三世准备拼死一战。里奇蒙德伯爵亨利带领的军队正迎面扑来，这场战斗将决定谁统治英国。

战斗进行的当天早上，查理派了一个马夫去备好自己最喜欢的战马。

"快点给它钉掌，"马夫对铁匠说，"国王希望骑着它打头阵。"

"你得等等，"铁匠回答，"我前几天给国王全军的马都钉了掌，现在我得找点儿铁片来。"

"我等不及了。"马夫不耐烦地叫道，"国王的敌人正在推进，我们必须在战场上迎击敌兵，有什么你就用什么吧。"

铁匠埋头干活，从一根铁条上弄下四个马掌，把它们砸平、整形，固定在马蹄上，然后开始钉钉子。钉了三个掌后，他发现没有钉子来钉第四个掌了。

"我需要一两个钉子，"他说，"得需要点儿时间砸出两个。"

"我告诉过你我等不及了！"马夫急切地说，"我听见了军号声，你能不能凑合一下？"

"我能把马掌钉上，但是不能像其他几个那么牢实。"

没有任何借口

"能不能挂住？"马夫问。

"应该能，"铁匠回答，"但我没把握。"

"好吧，就这样。"马夫叫道，"快点，要不然国王会怪罪到咱们俩头上的。"

两军交上了锋，查理国王冲锋陷阵，鞭策士兵迎战敌人。"冲啊，冲啊！"他喊着，率领部队冲向敌阵。远远地，他看见战场另一头几个自己的士兵退却了。如果别人看见他们这样，也会后退的，所以查理国王策马扬鞭冲向那个缺口，召唤士兵掉头战斗。他还没走到一半，一只马掌掉了，战马跌翻在地，查理国王也被掀在地上。

查理国王还没有再抓住缰绳，惊恐的畜生就跳起来逃走了。查理国王环顾四周，他的士兵们纷纷转身撤退，敌人的军队包围了上来。

他在空中挥舞宝剑，"马！"他喊道，"一匹马，我的国家倾覆就因为这一匹马。"

他没有马骑了，他的军队已经分崩离析，士兵们自顾不暇。不一会儿，敌人俘获了查理国王，战斗结束了。

从那时起，人们就说：

少了一个铁钉，丢了一只马掌。

少了一只马掌，丢了一匹战马。

少了一匹战马，败了一场战役。

败了一场战役，失了一个国家。

所有的损失都是因为少了一个马掌钉。

任何事情都是由一个个细节组成的，如果我们没有对结果负责的精神，总是有凑合和侥幸的心理，许多看起来不重要的细节最终将破坏大局。

任何事情都是由一个个细节组成的，如果我们没有对结果负责的精神，总是有凑合和侥幸的心理，许多看起来不重要的细节最终将破坏大局。

# 6. 责任即荣誉

　　承担责任肯定不是件很轻松的事情，但人的价值和能力正是在对责任的承担中才能得到充分的肯定和发挥，如果你不具备承担责任的能力或者做不好一件事情，领导会让你承担责任吗？你应该为自己能够承担责任感到骄傲，因为你的存在是有价值的。

　　对责任的承担将满足你自尊的需要。你会从承担责任中获得幸福和快乐，承担责任会使你更满足。

　　曾经有人在参观西点军校时议论，这群十八九岁稚气未脱的娃娃兵过几年就要担负起国家安危，真是不可思议。而正是军校的责任教育和责任训练，使年轻的军校学员们有了担当大任的能力和胸怀。

　　每年春天，约有900人从西点军校毕业，每人都被授予学士学位，并作为中尉在美国陆军中服役。经过6周的休整，他们被派往国外。一到目的地，他们就担当起第一份军官职务。

　　单单这个事实就让人震惊：一个国家把在编部队的安全交付给了一群年仅21岁的年轻人！更不要说看管和部署大规模杀伤性武器、维持和平和应付偶发战事。相关事实是：一旦离开西点军校，绝大多数年轻人毫无疑问是胜任工作的。从他们踏进校园的那一刻开始，学员就准备着承担责任，面对挑战，在压力下决策，并追求为他们确立的目标——不屈不挠、坚持不懈。

　　西点军校毕业生马克·斯塔比尔，现在是一家咨询公司的资深合

没有任何借口

伙人。他说："这是一个基本理论。如果你早点给人以责任，给他们闯荡的机会，他们就会去闯荡。"承担重任才能成为最好的，当一个国家把自己的安危交付给他们时，西点学员觉得没有任何事情能比承担起这个责任更伟大。责任即荣誉。毕业于西点军校的海军中将纳尔逊在作战中阵亡，他最后说的话是："现在我满意了，感谢上帝，我履行了我的职责。"

事实上，职业既是我们谋生必须的手段，也是我们实现自己的价值并立足社会的一种方式。因此，从事一种职业就意味着对自己的生命与生活负有责任，而能承担起这份责任，也就意味着自我价值的体现与实现。

责任感实际上来源于一种基本的理解，即你有权做出选择，无论环境如何，你都有选择想什么和做什么的权利。这个基本的真理是人们有力的发现之一。这个道理的强大力量在维克多·弗兰克尔的著作里得到了很好的阐释。维克多·弗兰克尔曾在第二次世界大战中被囚禁于奥斯威辛集中营，但他仍然具有非凡的洞察力。在奥斯威辛，他和其他上千人经历了可怕的遭遇，他们被死亡、痛苦和失去尊严包围着，生还的希望非常渺茫。

然而，正是在那里，他开始了对人生意义的思考。他审视自己，找到了支撑自己生存下去的力量。他写道："人生的终极意义在于承担责任，去寻找很多人生问题的答案，从而不断完成对每一个人设置的任务。"

在集中营里，他目睹了很多人堕入消沉、绝望之中。即使这样，这些人也没有给自己当时的生活带来任何意义，而他则从希望和对未来的梦想中获得了力量。他把集中营的磨难看成是对自己内心力量的一种

无论是为了谋生还是为了实现自己的人生价值，人都需要有一份职业。

责任感实际上来源于一种基本的理解，即你有权做出选择，无论环境如何，你都有选择想什么和做什么的权利。这个基本的真理是人们有力的发现之一。

考验，并由此发现了在自己内心深处隐含的后来被他称作"人类自由的最后领地"的力量，而这种力量，即便是纳粹的打手们也不能从他身上夺走。对纳粹在他身上做的事情，维克多·弗兰克尔有选择如何回应的自由。无论纳粹怎样对待他，他依然是一个有目标、有理想、有想象力、有清醒理智和独立意志的人。他意识到，让自己的生命得到最大的发挥，是自己的责任。

承担责任肯定不是件轻松的事情，但人的价值和能力正是在对责任的承担中才能得到充分的肯定和发挥，如果你不具备承担责任的能力或者做不好一件事情，领导会让你承担责任吗？你应该为自己能够承担责任感到骄傲，因为你的存在是有价值的。

对责任的承担将满足你自尊的需要。你会从承担责任中获得幸福和快乐，承担责任会使你更满足。

哈里先生是一家大型公司的人力资源部经理，工作任务繁重，每周都加班，在他的日程表里，"休息"这两个字很少出现。但是他一点也没有觉得累，也不曾抱怨自己的工作任务这么重。他说："承担责任的确很有压力，但是承担责任会让我更满足，因为我会感觉到自己很重要。我会因此感到幸福和快乐，并且我把这种心情带到工作中去，这会让我把工作做得更好。"

一个人承担的责任越多越大，证明他的价值就越大。所以，应该为你所承担的一切感到自豪。想证明自己最好的方式就是去承担责任，那将证明你自己存在的价值，证明你能行，你很出色。

如果你是一名企业的领导，就这样告诉你的员工，你为他们承担的责任感到骄傲，你也愿意为他们承担责任。无论是现在还是将来，你都会一如既往地做下去。

如果你是一名员工，就这样告诉你的领导，你很高兴能够为企业承担责任，你从没有懈怠过自己的责任。对于企业而言，自己并不是可有可无的。只有当员工在为自己的企业承担责任时，才会意识到自己在企业中是重要的，才真正感觉到自己在企业中是有位置的。

一位专家说："给组织中的成员以责任，这才能使他对这个组织有归属感。"作为企业的一名员工，多承担一些责任，多一些责任感，这不仅证明你很出色，而且因为你对企业责任的担当和出色完成任务，为企业的发展做出了切实的贡献，那么你所获得的不仅是一种物质上的奖励以及更多的发展空间和机会，而且也是一种自我价值的实现，这是人生自我实现的需要，也是人的最高需要。这种需要得到满足时，人才会获得最大的快乐。

承担责任肯定不是件轻松的事情，但人的价值和能力正是在对责任的承担中才能得到充分的肯定和发挥。

# 7. 养成承担责任的习惯

养成承担责任的习惯，才能真正担负起自己的职责。

不负责任的行为就是不成熟的行为，负责任是成熟的标志。负责任的人是成熟的人，他们做自己的主宰，对自己的言行负责，他们把握自己的行为，无论大事小事都认真负责。换句话说，一个成熟的人必定养成了承担责任的习惯。

不负责任的行为就是不成熟的行为，负责任是成熟的标志。负责任的人是成熟的人，他们做自己的主宰，对自己的言行负责，他们把握自己的行为，无论大事小事都认真负责。换句话说，一个成熟的人必定养成了承担责任的习惯。

养成承担责任的习惯，才能真正担负起自己的职责。

很早以前，英格兰有个国王叫阿尔弗雷德，他是一个精明而又有正义感的人，是英国历史上了不起的国王之一。直到几个世纪后的今天，他还被称作阿尔弗雷德大帝而广为人知。

阿尔弗雷德统治时期的英格兰形势复杂，国家受到凶猛的丹麦人的入侵。丹麦人跨过海洋前来进犯。丹麦入侵者如潮涌来，他们个个凶悍勇猛，很长时间几乎百战百胜。如果他们继续势不可当，将会征服整个国家。

最终，经过数次战役，阿尔弗雷德率领的英格兰军队溃不成军。每个人，包括阿尔弗雷德，都只能设法逃生。阿尔弗雷德乔装打扮为一个牧羊人，只身逃走，穿过森林和沼泽。

没有任何借口

经过几天漫无目的的游荡，他来到一个伐木工的小屋。饥寒交迫的他敲开房门，乞求伐木工的妻子给点儿吃的东西并借住一晚。

女人同情地看着这位衣衫褴褛的男人，她不知道他是谁。"请进，"她说，"你给我看着炉子上的蛋糕，我会供你晚餐的。我现在出去挤牛奶，你好好看着，等我回来，可别让蛋糕煳了。"

阿尔弗雷德礼貌地道了谢。他坐在火炉旁边，努力把精力集中到蛋糕上，可是不一会儿他的烦心事就充满了脑子。怎样重整军队？重整旗鼓后又怎样去迎战丹麦人？他越想越觉得前途渺茫，开始认为继续战斗也将无济于事，阿尔弗雷德只顾想自己的问题，他忘了自己是在伐木工的屋子里，忘了饥饿，忘了炉上的蛋糕。

过了一会儿，女人回来了，她发现小屋里烟熏火燎，蛋糕已经烤成焦炭。阿尔弗雷德坐在炉边，眼睛盯着炉火，他根本就没注意到蛋糕已经烤焦。

"你这个懒鬼，窝囊废！"女人叫道，"看看你干的好事。你想吃东西，可你袖手旁观！好了，现在谁也别想吃晚餐了！"阿尔弗雷德只是羞愧地低着头。

这时，伐木工回来了。他一进家门就注意到这个坐在炉边的陌生人。"住嘴！"他告诉妻子，"你知道你在责骂谁吗？他就是我们伟大的国王阿尔弗雷德！"

女人惊呆了，她跑到国王面前急忙跪下，请求国王原谅她如此粗鲁。但是明智的国王请女人站了起来。"你责怪我是应该的，"他说，"我答应你看着蛋糕，可蛋糕还是烤煳了，我该受惩罚。任何人做事，无论大小都应该认真负责。这次我没做好，但此类事情不会再有了，我的职责是做好国王。"

不负责任的行为就是不成熟的行为，负责任是成熟的标志。负责任的人是成熟的人，他们做自己的主宰，对自己的言行负责，他们把握自己的行为，无论大事小事都认真负责。

这个故事没告诉我们那天晚上阿尔弗雷德是否吃了晚饭，但没过多久，他就重整自己的军队，把丹麦人赶出了英格兰。

图谋大业必须从注重小节开始，养成负责任的习惯，领袖也不例外。阿尔弗雷德从烤煳的蛋糕上看到了自己对责任的疏忽，并联想到了领袖的职责，奋发而为，实在是令人感慨。

在西点军校，学员经过几年的强化学习和训练，承担责任的意识已深入骨髓，在日常生活和工作中完全成为一种习惯。西点军校的章程规定：每个学员无论在什么时候，无论在什么地方，无论穿军装与否，也无论是在担任警卫、值勤等公务还是在进行自己的私人活动，都有义务、有责任履行自己的职责和义务。对任何细小的事情都不可率性而为，不计后果。从最基本的自己遵守和维护西点军校各项规章制度，到对于其他违反规章的人和事也必须按照规章的要求提示、劝戒或报告，再到学习、生活、社交、伦理等方方面面的细节，学员们完全养成了承担责任的习惯。

西点毕业生，指南针集团总裁约翰·克里斯劳说："我以前的一个室友违反了荣誉准则。当他把所做的事告诉我时，我并没有网开一面，而是告发了他。这并不是我不在乎他，相反，我深深地关心他。但我知道，与他被给予第二次机会相比，原则更为重要。我当时 18 岁，我知道我首要的责任是坚守荣誉的原则。"正因为养成了承担责任的习惯，所以即使自己情感上还有阻碍，也会坚决地按照原则办事。

麦金莱总统在西点军校演讲时，对学员们说："比其他事情更重要的是，你们需要尽职尽责地把一件事情做得尽可能完美；与其他有能力做这件事的人相比，如果你能做得更好，那么，你就永远是个好军人。"

无论做什么事都需要尽职尽责，它对你日后事业上的成败都起着决定作用。一个成功的经营者说："如果你能真正制好一枚别针，应该比你制造出粗陋的蒸汽机赚到的钱更多。"因为制作一枚完好的别针也需要彻底的负责精神，而做出粗陋的蒸汽机恰恰证明你缺乏尽职尽责的习惯。然而，这么多年来，没有多少人领会到这一点。

没有任何借口

在工厂的入口处，有一根生了锈的大铁钉被丢弃竖立在那里。员工进进出出，于是发生下列情形：第一种员工根本没看见，便抬脚横跨而过；第二种员工看到了铁钉，也警觉到它可能产生的危险，不过这种员工所持的态度又可能出现三种不同的类型：第一类心想别人会捡起来，不用自己操心，只要自己小心，实在不必庸人自扰，于是视若无睹，改道而行；第二类会认为自己现在太忙，还有很多要事待解决，等办完事后再来处理那根铁钉；第三类则抱着事不宜迟的态度，马上弯腰捡起并妥善处置。在这些看见铁钉的员工中，只有最后一类员工具有负责任的习惯，而这种于细微处体现出的责任感，正是成就大业的基础。

法国银行大王恰科年轻时，曾经有很长一段时间找不到工作。他到处求职却总被拒绝。当他第53次被一家银行老板拒绝之后走出门外时，于不经意间发现了地上有枚大头针。他想，如果这枚大头针叫别人不小心踩上受了伤就不好了。于是，他就弯腰把它拾了起来。没想到，他的这个动作正好被刚刚将他拒之门外的银行老板看见了。老板认为，如此细心负责的人，很适合做银行工作。就这样，他被录取了。

这种于细微处见精神的行为，没有尽职尽责的习惯是不可想象的，企业领导都十分看重这一点。

养成承担责任的习惯，才能真正担负起自己的职责。

# 8. 懂得求助才算负责

在一些人眼中，一个人坚持立场、毫不动摇地履行自己的诺言，才能算作"负责"。这样理解负责实际上是非常片面的，我们在生活当中，只要真正履行了自己的职责，有些事就算没有亲力亲为，也是负责的。而且，在其他人的帮助下，事情有时候也会进展得更加顺利，有一个更好的结果。

古印度有一位名叫德西索尼斯的年轻人，一次，他有事需要出一趟远门，临走之前，他将自己的钱财分成3份用瓦罐装起来，托给3位好友保管。这3人分别是法尔德、库德赛和安德莱斯。德西索尼斯还为此支付了保管费。

德西索尼斯离开之后，村子附近的强盗很快就都知道了他用瓦罐藏钱的事。经过一番商议，强盗决定把这笔价值不菲的财富抢上山来。

第一天，这群强盗敲开了法尔德的房门，威逼他把装满金币的瓦罐交出来。最初的时候，法尔德怎么也不愿意失信于好友，但是强盗用刀抵住他的脖子，对着他大喊大叫。法尔德被吓了个半死，经过一番思索，他交出了瓦罐。

"这就对啦，只要你交出东西，我们是不会伤害你的。不要担心，等你朋友回来，我们会帮你说好话的，他不会怪你的！另外告诉库德赛和安德莱斯，我们过些天还会去拜访他们的，让他们好好招待我们啊！"强盗们将瑟瑟发抖的法尔德嘲笑一番之后，得意扬扬地回去了。

　　法尔德匆匆忙忙地跑到另外两个朋友家中，提醒他们要做好准备。听到这个消息之后，库德赛马上在自家后院挖了一个深深的坑，把瓦罐藏在深坑里面。为了保险起见，他还搬来一口大缸，压在自己挖过的地方。

　　几天以后，这群强盗果然来了，他们搜遍了库德赛的屋子，始终没有找到那只装满财宝的罐子，只好灰溜溜地原路返回了。强盗们并没有就此罢休，他们商量好了另外一个办法，那就是用计策把库德赛的罐子引出来。

　　晚上，库德赛正在睡觉，睡梦中突然听到门外喊声一片："找到啦！我找到啦！我找到瓦罐啦！"

　　库德赛大吃一惊，急忙跑到后院，发现大缸根本就没有动过。就在这个时候，强盗们蹿了出来，砸碎大缸，挖开地面，找到了财宝。

　　法尔德和库德赛没有守住宝物的事情很快就传到了安德莱斯的耳朵里，他知道对方是一群非常狡猾的家伙。于是为了保险起见，安德莱斯将那只瓦罐交到了大法官摩西那里。当强盗们来找他索要宝物的时候，安德莱斯就告诉对方说，钱财都被摩西老爷带走了。强盗们暴跳如雷却又不敢去招惹摩西，胡乱搜了一通之后，只好悻悻而归。在接下来的半年时间里，安德莱斯安安稳稳地睡大觉，根本不用为那些钱财而担心。比起法尔德和库德赛，他简直就是什么事情都没做。

　　半年之后，德西索尼斯回来了。法尔德和库德赛都没能看好自己的那一份钱财，只有安德莱斯奉上了满满一瓦罐金币。为了表示感谢，德西索尼斯取出了

在对他人负责的时候，我们一定要清晰地认识到这样一个现实，那就是结果第一。

其中的四分之一，给安德莱斯作为酬劳。

对于这个结果，法尔德和库得赛都十分不满意，他们找到德西索尼斯，对他说："你要知道，在你走后，我们两个尽心尽力地为你照看财物，安德莱斯却把东西甩手给了别人，他自己什么都没有干！"

为了证明自己的辛苦，法尔德还给德西索尼斯看了自己的脸："你看，这可是被人用刀划破的呢！你再看看库德赛，他家的院子也被人刨了一个大坑，走路都不方便！"

"那么我该怎么做呢？在托付金币之前，我已经给过你们保管费了。而且，你们没有把东西还给我，应该是你们失约了吧？"德西索尼斯说。

"这是什么话？我们只是来告诉你事情的真相而已。安德莱斯并不是一个值得托付的人，他根本就不把你的事情放在心上。如果还有这样的事，一定不要再找他了，我们这样说你明白吗？"

听到这样的话，德西索尼斯笑了起来，他安慰两位好友说："我知道你们都是为我好，但事实上这一次最让我满意的就是安德莱斯，因为他完成了我的任务，他是工作当中最负责的一个人。或许你们认为，亲自帮我看管金币才是正确的，认真负责就需要整天整夜不睡觉，死死地盯着那笔钱才算数，但显然这种方法没有帮助你们履行自己的诺言。我也从来没有说过，这笔钱一定要你们亲自保管，对不对？"

在很多时候，人们确实存在这样的误区，以为只有一个人亲自完成了他人交代的事情才算负责，而像安德莱斯那样就不能算尽职。但是很显然，当我们自己的实力不够的时候，找别人帮忙确实能够取得更好的效果。正如人们看到的那样，安德莱斯把瓦罐转手交给了大法官之后便蒙头大睡，一副事不关己的样子，表面上看德西索尼斯似乎不用付他什么报酬。但实际上人们忽视了一点，那就是找人帮忙也是需要花费时间和精力的，这就是安德莱斯"负责任"的表现。

没有任何借口

在对他人负责的时候，我们一定要清晰地认识到这样一个现实，那就是结果第一。如果能够达到最终的目的，中途使用了合理合法的手法，也是允许的。与另外两人不同的是，安德莱斯将自己的努力放在了委托第三者上面，其实这同样也是一种付出，而且从结果上看，他对事物的判断非常准确，做出了最为明智的选择。对于法尔德和库德赛来说，他们确实做到了亲自照看财物，但是他们没有正确评估对手的实力，结果导致钱财被强盗夺走。不懂得变通，不会求助他人，到最后没有完成任务，换个角度我们可以说，这样的人才是最不负责任的，因为他们只是将任务表面化了。

（1）求助他人是对结果的负责。当我们能力不够的时候，向他人求助才是最好的办法。如果一个人本身就没有这个实力，却硬要将这个活儿包揽下来，到最后任务未能完成，那么毫无疑问，这个人就是失败的。

（2）寻找更好的解决方案才是真负责。同样一件事情，如果交到其他人的手中可以得到更好的结果，那么谁还会选择那个更为烦琐的通道呢？值得声明的是，借助他人的力量来完成任务，从表面上来说这个人本身并没有做出实质性贡献，但他的连接作用就是"负责任"的表现。这一层隐性关系，实际上是非常重要的。

所以说，我们在接到一个新任务、对别人许下诺言的时候，如果自己实力不够，同样可以找他人来帮忙。如果找到的这个帮手实力强大，我们甚至可以安心睡大觉，做一个心安理得的甩手掌柜。同时，我们在判断别人是否对自己交代的任务认真负责的时候，也不一定就要看这个人是不是整日整夜都在为这件事

不懂得变通，不会求助他人，到最后没有完成任务，换个角度我们可以说，这样的人才是最不负责任的。

（1）求助他人是对结果的负责。

（2）寻找更好的解决方案才是真负责。

借助他人的力量来完成任务，从表面上来说这个人本身并没有做出实质性贡献，但他的连接作用就是"负责任"的表现。

忙碌，因为有时他们看起来很轻松，其实已经找到了一个安全可靠的解决办法。这样一来，就算他对这件事再不过问，我们也可以说他是认真负责的。

没有任何借口

# V

# 做最优秀的员工

# 1. 焕发崇高而伟大的岗位激情

> 忠于自己的职责是一种神圣的激情，这种激情更多地体现在普通的工作岗位上。一个对岗位职责有深刻体悟的人一定会有非同寻常的岗位激情，他热爱自己的岗位，在自己的岗位上兢兢业业，鞠躬尽瘁。正如拿破仑所说："没有人能毁灭我们尽职的激情，它只能自我泯灭。"

现代职业是一种岗位，岗位是整个社会职业系统所规划的一个位置。一个社会、一个企业是由无数岗位构成的系统，岗位与岗位之间有千丝万缕的联系，也意味着千丝万缕的责任。这种联系与责任或者是直接的，比如流水线上的岗位分工就是一种职责分派，任何一个岗位的工作出了毛病就会直接影响到别的岗位的工作；这种联系与责任也可能是间接的，比如当我们用到一些劣质产品时会恼火地抱怨："这个企业怎么这样不负责任！"

人类的工作是一种系统化的工作，人类的生活是一种社会化的生活。每个社会成员都要进入这个工作系统，并对这个系统的正常运转负责，同时，每个人也会在一个负责的社会系统中受益，或者在一个不负责任的社会中遭殃。为建立一个负责的社会和企业，每个人都应该意识到自己的岗位职责，这不仅是为社会和企业负责，也是为了自己更好地生活。

一个对岗位职责有深刻体悟的人一定会有非同寻常的岗位激情，

他热爱自己的岗位，在自己的岗位上兢兢业业，鞠躬尽瘁。在有的人看来，这种人太傻，不值得，然而，他们根本不懂得一个人在将自己的生命与岗位合二为一之后的幸福与神圣。

人们永远记得两千年前那位驻守在庞贝古城的古罗马哨兵。由于维苏威火山喷发，整个庞贝城被毁掉了，后来人们在废墟中发现了这位死在岗位上的哨兵。这是一名真正的战士，当其他人都退却的时候，他仍然坚守在自己的岗位上，他感到这是他的责任。只要派他去保护这个地方，他就永远不能退缩。他被硫化物释放的烟雾窒息而死，他的身体也惨不忍睹，然而他的精神永在。至今，他的铜盔、长矛、护胸甲仍然被存放在那不勒斯的波波利克博物馆中，为后人所瞻仰。

也许拿庞贝城那位古罗马士兵作为忠于职守的事例显得过于久远，那就看看近一些的"贝克黑德"号船只吧。"贝克黑德"号上所有的士兵都沉没在非洲的海洋里了，当这个消息传到英国之后，威灵顿公爵正在皇家学院宴会厅参加一个盛宴。麦克雷说："在我的记忆中，威灵顿公爵极少对普通人大加赞赏，但这次例外。公爵在表彰他们时没有提起他们的勇气，而是一直强调他们忠于职责的精神，他把这一点重复了好几遍。我猜想，公爵是把后者看作更为重要的战斗力了。"

忠于自己的职责是一种神圣的激情，这种激情具有超常的力量。一个多世纪前的一天，新英格兰发生了一次日食现象，天空变得非常黑暗，许多人都以为是末日审判来临了。康涅狄格州议会正在召开会议，当黑暗来临时，大家开始心慌意乱，一名议员提议休

为建立一个负责的社会和企业，每个人都应该意识到自己的岗位职责，这不仅是为社会和企业负责，也是为了自己更好地生活。

会。这时，一位来自斯坦福大卫港的老清教徒立法议员站起来说道："即使世界末日真的到来，也应该坚守自己的岗位，并履行自己的责任。"在这种岗位激情的驱使下，他举着蜡烛在房间里四处走动，镇定而毫无惧色。他的行为感动了所有的议员，让大家都意识到自己应该做什么，应该对什么负责，从而使会议从容地进行下去。

负责尽职的岗位激情不仅体现为一些非凡的壮举，它也融化在默默无闻的日常职责之中。一个人的一生要履行很多职责，比如我们要对整个人类负责，要对自己的家庭负责，要对邻居负责，要对雇主或员工负责，要对我们身边的人负责，要对国家负责，以及对自己的城市负责。有时候，我们尽心尽责是有目共睹的，但大多数情况下没有人看见，因此，如何做一个对自己的生活与工作负责的人主要是自己私下的事情。拿破仑说得好："没有人能毁灭我们尽职的激情，它只能自我泯灭。"只要我们有心让自己和他人过得好一点、美一点，只要我们有爱，我们就能唤起自己的岗位激情并做出自己难以想象的事情。

事实上，要做好日复一日、年复一年的日常工作，更需要一种献身的激情。在 19 世纪以前，人们不相信女人能在战斗中照顾士兵，他们只是将女护士看作普通的家庭服务员，然而，南丁格尔改变了人们的看法。南丁格尔是一个多才多艺的社交型少女，家庭富裕，生活快乐，是大家的宠儿，是公众围绕的中心，她拥有能使社交和居家生活都很奢华的一切，她完全没有必要从事护士这一当时还不为别人看好的职业，但她放弃了自己拥有的舒适生活，选择了护士职业，甘愿走上一条帮助人们解除痛苦与悲伤的道路。是什么原因使南丁格尔做出这一选择的呢？她的回答是爱与责任。

南丁格尔一直有关爱别人的强烈激情。她在学校里教书，去医院、监狱和感化院工作。她常常去看望穷人，对那些不幸者、迷失者和受压迫的人满怀关心。为了更好地帮助那些需要帮助的人，她学习使用医院的抹布、刷子和除尘器，还按部就班地学习护理技术。当女教员医院找不到合适的管理人选而濒临倒闭的时候，她主动担当起了管理医院的责任。她忘记了家中的事情，忘记了呼吸山村新鲜的空气，全身心地投入到哈利街道医院的艰苦工作中。在那里，她把自己的时间、精力和金钱都用于护理生病的姐妹了。最后，医院的工作得以继续，但她的健康却因工作劳累而进一步恶化。有一段时间，她不得不专门去汉普郡医院进行疗养。

　　然而，一件亟待帮助的事情出现了，克里米亚战争爆发了。伤兵躺在布斯普鲁斯的医院里，急需大量有经验的护士，而医院几乎没有专业护理人员。有着高尚心灵的南丁格尔立刻决定去那里帮助他们。她乘船前去斯库台，那里极其危险——要冒生命危险，要历尽各种艰难险阻，总之什么灾难都有。但是，当责任引导着勇敢的灵魂时，有谁会想到危险呢？南丁格尔几乎是有求必应，她深入到伤员中间，无微不至地照料他们，她成了战士心中的天使与女神。直到今天，护士这一神圣的职业还与南丁格尔的名字联系在一起，它让我们想起一种普普通通而又崇高伟大的岗位激情。

　　只要我们有心让自己和他人过得好一点、美一点，只要我们有爱，我们就能唤起自己的岗位激情并做出自己难以想象的事情。

# 2. 多加一盎司，工作就大不一样

盎司是英美制重量单位，一盎司只相当于1/16磅。但是，就是这微不足道的一点区别，会让你的工作大不一样。多加一盎司，工作可能就大不一样。尽职尽责完成自己的工作的人，最多只能算是称职的员工。如果在自己的工作中再"多加一盎司"，你就可能成为优秀的员工。

著名投资专家约翰·坦普尔顿通过大量的观察研究，得出了一条很重要的原理：多一盎司定律。他指出，取得突出成就的人与取得中等成就的人几乎做了同样多的工作，他们所做出的努力差别很小——只是"多一盎司"。但其结果，所取得的成就及成就的实质内容方面，却经常有天壤之别。

约翰·坦普尔顿把这一定律也运用于他在耶鲁的经历。坦普尔顿决心使自己的作业不是95％而是99％的正确。结果呢？他在大学三年级就进入了美国大学生联谊会，还被选为耶鲁分会的主席，并得到了罗德奖学金。

在商业领域，坦普尔顿把多一盎司定律进一步引申。他逐渐认识到只多那么一点儿就会得到更好的结果。那些更加努力的人就会得到更好的成绩，那些在一品脱（容积单位）的基础上多加了17盎司而不是16盎司的人，得到的份额远大于一盎司应得的份额。

"多一盎司定律"可以运用到所有的领域。实际上，它是使你走向成功的普遍规律。

例如，把它运用到高中足球队，你就会发现，那些多做了一点努力，多练习了一点的小伙子成了球星，他们在赢得比赛中起到了关键性的作用。他们得到了球迷的支持和教练的青睐。而所有这些只是因为他们比队友多做了那么一点。

在商业界、艺术界、体育界，在所有的领域，那些最知名的、最出类拔萃者与其他人的区别在哪里呢？回答是就多那么一点儿。"多加一盎司"——谁能使自己多加一盎司，谁就能得到千倍的回报。

在工作中，有很多时候需要我们"多加一盎司"。多加一盎司，工作可能就大不一样。尽职尽责完成自己工作的人，最多只能算是称职的员工。如果在自己的工作中再"多加一盎司"，你就可能成为优秀的员工。

"多加一盎司"在所有的工作中都会产生好的效果。如果你多加一盎司，你的士气就会高涨，而你与同伴的合作就会取得非凡成绩。要取得突出成就，你必须比那些取得中等成就的人多努一把力，学会再加一盎司，你会得到意想不到的收获。

"多加一盎司"其实并不难，我们已经付出了99%的努力，已经完成了绝大部分的工作，再多增加"一盎司"又有什么困难呢？但是，我们往往缺少的却是"多一盎司"所需要的那一点点责任、一点点决心、一点点敬业的态度和自动自发的精神。

"多加一盎司"其实是一个简单的秘密。在工作中，有很多东西都是我们需要增加的那"一盎司"。大到对工作、公司的态度，小到你正在完成的工作，甚至是接听一个电话、整理一份报表，只要能"多加一

取得突出成就的人与取得中等成就的人几乎做了同样多的工作，他们所做出的努力差别很小——只是"多一盎司"。但其结果，所取得的成就及成就的实质内容方面，却经常有天壤之别。

盎司"，把它们做得更完美，你将会有数倍于一盎司的回报。

　　获得成功的秘密在于不遗余力——加上那一盎司。多一盎司的结果会使你最大限度地发挥你的天赋。约翰·坦普尔顿发现了这个秘密，并把它运用到他的学习、工作和生活中，从而获得了巨大的成功。从现在起，你也掌握了这个秘密，好好运用它吧！

　　"我已经竭尽全力了吗？或许我还有一盎司可加？"经常这样提问自己，将让你受益匪浅。

没
有
任
何
借
口

# 3. 只要去找，就一定有办法

拥有积极进取精神的人，总是能找到完成工作的最好办法，因为在这种精神的鼓舞下，他们总是显得顽强、自信而智慧。这样的人，必将成为一个团队或企业的中坚力量。

在所有的领域，那些最知名的、最出类拔萃者与其他人的区别在哪里呢？回答是就多那么一点儿。"多加一盎司"——谁能使自己多加一盎司，谁就能得到千倍的回报。

美国前总统西奥多·罗斯福说："克服困难的办法就是找办法，而且，只要你找，就一定有办法。"罗斯福8岁的时候，长着一副暴露在外而又参差不齐的丑牙，谁见了都觉得好笑，所以他总是畏首畏尾，个性内向，不善交际。当他在课堂上被老师提问的时候，他总是站在那里两腿直打哆嗦，牙齿颤动着说出一些含混不清的答案，几乎没有人能听懂。当老师让他坐下时，他才如释重负。

尽管如此，罗斯福从来没有把自己看成一个可怜虫，从未自暴自弃，从不以自己的这些缺陷来做借口使自己疏懒下去，也从未觉得自己不可救药，而恰恰是缺陷激励着他去奋斗。针对自己的缺陷——他努力加以改正，如果实在没有办法改变，他就极力加以利用。在演说中，他学会巧妙地利用他的沙声、利用他那暴露在外的牙齿，这些本来足以使演说一败涂地的缺陷，后来竟都变成了使他获得巨大成功的不可缺少的条件。经过不懈的努力，他后来成了深受美国人民爱戴的总统。

与罗斯福一样，我们每个人的一生都会或多或少遭遇一些不幸，在自己的工作中也会碰到一些无法弥补的损失，有的人会因此而自暴自弃，破罐子破摔，结果很快堕落；有的人则会坚强地面对不幸，积极地寻找办法，在不幸中寻找新的出路。

在法国一个偏僻的小镇，据说有一个特别灵验的水泉，常会出现神迹，可以医治各种疾病。有一天，一个拄着拐杖，少了一条腿的退伍军人，一跛一跛地走过镇上的马路，旁边的居民带着同情的口吻说："可怜的家伙，难道他要向上帝祈求再有一条腿吗？"这句话被退伍军人听到了，他转过身对他们说："不，我不是要向上帝祈求有一条新的腿，而是要祈求他帮助我，教我没有一条腿之后，也知道如何生活。"爱达斯石油公司的总裁总是用这个故事教育他的员工。他认为只有那些在没有一条腿之后，还积极争取把路走好的员工才是公司的脊梁，只有他们才是困难的敌人，因为他们"总有克服困难的办法"。

有一位青年在美国某石油公司工作，他所做的工作就是巡视并确认石油罐盖有没有自动焊接好。石油罐在输送带上移动至旋转台上，焊接剂便自动滴下，沿着盖子回转一周，这样的焊接技术耗费的焊接剂很多，公司一直想改造，但又觉得太困难，试过几次也就算了。而这位青年并不认为真的找不到改进的办法，他每天观察罐子的旋转，并思考改进的办法。

经过他的观察，他发现每次焊接剂滴落39滴，焊接工作便结束了。他突然想到：如果能将焊接剂减少一两滴，是不是能节省点成本？于是，他经过一番研究，终于研制出37滴型焊接机。但是，利用这种机器焊接出来的石油罐偶尔会漏油，并不理想。但他不灰心，又寻找新的办法，后来研制出38滴型焊接机。这次改造非常完美，公司对他的评价很高，不久便生产出这种机器，改用新的焊接方式。

也许，你会说节省一滴焊接剂有什么了不起？但"一滴"却给公司带来了每年5亿美元的新利润。这位青年，就是后来掌握全美制油业95％实权的石油大王——约翰·戴维森·洛克菲勒。

现代心理学的研究表明，在困难面前积极想办法的态度会激发我们的潜在智慧，因为我们大多数人的智力在平常都处于半开发的状态，而一个人在兴奋和激动的时候会有意想不到的智力表现，因此一些成功的企业在遇到困难的时候，非常注意营造一种动脑筋、想办法的精神氛围，他们相信天无绝人之路，无路可走的人总是那些不下功夫找路的人。

一位商人在谈到卖豆子时充满了一种了不起的精神和智慧。

他说：如果豆子卖得动，直接赚钱好了。如果豆子滞销，分三种办法处理：

第一，将豆子沤成豆瓣，卖豆瓣；如果豆瓣卖不动，腌了，卖豆豉；如果豆豉还卖不动，加水发酵，改卖酱油。

第二，将豆子做成豆腐，卖豆腐；如果豆腐不小心做硬了，改卖豆腐干；如果豆腐不小心做稀了，改卖豆腐花；如果实在太稀了，改卖豆浆；如果豆腐卖不动，放几天，改卖臭豆腐；如果还卖不动，让它长毛彻底腐烂后，改卖腐乳。

第三，让豆子发芽，改卖豆芽；如果豆芽还滞销，再让它长大点，改卖豆苗；如果豆苗还卖不动，再让它长大点，干脆当盆栽卖，命名为"豆蔻年华"，到城市里的各间大中小学门口摆摊和到白领公寓区开产品发布会，记住这次卖的是文化而非食品；如果还卖不动，建议拿到适当的闹市区进行一次行为艺术创作，题目是"豆蔻年华的枯萎"，记住以旁观者身份给各个报社写报道，如成功可用豆子的代价迅速成为行为艺术家，并完成另一种意义上的资本回收，同时还可以

克服困难的办法就是找办法，而且，只要你找，就一定有办法。
——美国前总统
西奥多·罗斯福

拿点稿费；如果行为艺术没人看，稿费也拿不到，赶紧找块地，把豆苗种下去，灌溉施肥，除草种牧，三个月后，收成豆子，再拿去卖。如上所述，循环一次。经过若干次循环，即使没赚到钱，豆子的囤积问题相信也不成问题，那时候，想卖豆子就卖豆子，想做豆腐就做豆腐！

看看，在这个商人充满智慧的设想中，是不是有一种非要把豆子卖出去的精神？如果没有这种精神，他能爆发出如此令人惊叹的智慧吗？

没有任何借口

# 4. 老板心目中的优秀员工

> 优秀的员工如同优秀的士兵，他们具有一些共同的特质，他们是具有责任感、团队精神的典范；他们积极主动，富有创造力；他们不找任何借口，是任何一个老板都热忱需要的员工。

一些成功的企业在遇到困难的时候，非常注意营造一种动脑筋、想办法的精神氛围，他们相信天无绝人之路，无路可走的人总是那些不下功夫找路的人。

每一个进入西点军校的学员，在他们的心中，都埋藏着一个当将军的梦想。若非如此，他们就不可能成为优秀的士兵。同样的，在企业里也有许多这样的优秀员工。在老板的心目中，这些优秀员工是具有责任感、团队精神的典范，他们积极主动，富有创造力。他们是企业宝贵的财富。

老板心目中的优秀员工，往往是下面这些：

（1）不忘初衷而虚心学习的员工。所谓初衷，就是企业的经营理念。只有始终不忘企业经营理念的员工，才可能谦虚，才可能与同事齐心协力。也只有这样，才能实现企业的使命。经常不忘初衷，又能谦虚学习的人，才是企业最需要的员工。

（2）有责任意识的员工。这就是说，处在某一职位、某一岗位的干部或员工，能自觉地意识到自己所担负的责任。有了自觉的责任意识之后，才会产生积极、圆满的工作效果。没有责任意识或不能承担责任的员工，不可能成为优秀的员工。

（3）自动自发、没有任何借口的员工。具有积极思想的人，在任何地方都能获得成功。那些消极、被动地对待工作，在工作中寻找种种借口的员工，是不会受到企业欢迎的。

（4）爱护企业，和企业成为一体的员工。除了睡觉，每个人有大半的时间在企业中度过，企业是自己的第二个家。优秀的员工，都具有企业意识，能和企业甘苦与共。

（5）不自私而能为团体着想的员工。应该明白，所有成绩的取得，都是团队共同努力的结果。只有把个人的实力充分地与团队形成合力，才具有价值和意义。团队精神是西点军校最重要的一种精神，在企业里也同样崇尚这一精神。

（6）随时随地都具备热忱的员工。人的热忱是成就一切的前提，事情的成功与否，往往是由做这件事情的人的决心和热忱的强弱决定的。碰到问题，如果拥有非成功不可的决心和热忱，困难就会迎刃而解。

（7）不墨守成规而经常出新的员工。我相信，每一个企业都欢迎这样的员工，因为创造力和创新能力是企业发展的永恒动力。

（8）能做正确价值判断的员工。价值判断是包括多方面的。大到对人类的看法、对人生的看法，小到对公司经营理念的看法、对日常工作的看法。

（9）有自主经营能力的员工。如果一个员工只是照上面交代的去做事以换取薪水，这是不行的。每一个人都必须以预备成为老板的心态去做事。如果这样做了，在工作上一定会有种种新发现，其个人也会逐渐成长起来。

（10）能得体"支使"上司的员工。所谓"支使"上司，也就是提出自己对所负责工作的建议，并促使上司同意；或者对上司的指令等提出自己的看法，促使上司修正。如果一个企业里连这样一个"支使"上司做事的人都没有，企业的发展就成问题；如果有10个能真正"支使"上司的人，那么企业就有光明的发展前途；如果有100个人能"支使"上司，那企业的发展会更加辉煌。

（11）有气概担当企业经营重任的员工。这种气概就是自信、毅力和责任心的体现，这种气概会给企业带来不可估量的价值。

优秀员工具有责任感、团队精神的典范，他们积极主动，富有创造力。他们是企业宝贵的财富。

# 5. 做最优秀的员工

西点军校告诉我们，最好的执行者，都是自动自发的人，他们确信自己有能力完成任务。这样的人的个人价值和自尊是发自内心的，而不是来自他人。也就是说，他们不是凭一时冲动做事，也不是只为获得长官的称赞，而是自动自发地、不断地追求完美。

一位心理学家在研究过程中，为了实地了解人们对于同一件事情在心理上所反应出来的个体差异，他来到一所正在建筑中的大教堂，对现场忙碌的敲石工人进行访问。

心理学家问他遇到的第一位工人："请问你在做什么？"

工人没好气地回答："在做什么？你没看到吗？我正在用这个重得要命的铁锤，来敲碎这些该死的石头。而这些石头又特别的硬，害得我的手酸麻不已，这真不是人干的工作。"

心理学家又找到第二位工人："请问你在做什么？"

第二位工人无奈地答道："为了能拿到工资，我才会做这份工作，若不是为了一家人的温饱，谁愿意干这份敲石头的粗活？"

心理学家问第三位工人："请问你在做什么？"

第三位工人眼光中闪烁着喜悦的神采："我正参与兴建这座雄伟华丽的大教堂。落成之后，这里可以容纳许多人来做礼拜。虽然敲石头的工作并不轻松，但当我想到，将来会有无数的人来到这儿，接受上帝的爱，心中便时常感恩这份工作。"

没有任何借口

同样的工作，同样的环境，却有如此截然不同的感受。

第一种工人，是完全无可救药的人。可以设想，在不久的将来，他将不会得到任何工作的眷顾，甚至可能是生活的弃儿。

第二种工人，是没有责任和荣誉感的人。对他们抱有任何指望肯定是徒劳的，他们抱着为薪水而工作的态度，为了工作而工作。他们肯定不是企业可依靠和老板可依赖的员工。

该用什么语言赞美第三种工人呢？在他们身上，看不到丝毫抱怨和不耐烦的痕迹，相反，他们是具有高度责任感和创造力的人，他们充分享受着工作的乐趣，同时，因为他们的努力工作，工作也带给了他们足够的荣誉。他们就是我们想要的那种员工，他们是最优秀的员工。

所有西点毕业生都接受过这样的教育。西点军校告诉学员们，最好的执行者，都是自动自发的人，他们确信自己有能力完成任务。这样的人的个人价值和自尊是发自内心的，而不是来自他人。自入学开始，西点军校就通过各种方式让新生明白，他们不会常因为完成了任务而得到长官的称赞、拍肩膀。由此，他们学会了重要的一课：自我奖励。

西点军校鼓励学员自我奖励，它提供各种环境和经验，让学员学习从良好的表现中获得内心的满足与成就感。也就是说，他们不是凭一时冲动做事，也不是只为了长官的称赞，而是自动自发地、不断地追求完美。

西点军校让学员明白，快乐就是最好的奖励。通过 4 年的校园生活，学员们学会了在任何时候都能建

> 快乐是最好的奖励。
> 自动自发，自我奖励，视工作为快乐。
> ——西点军校的哲学

> 做最优秀的员工吧，并时常怀着一颗感恩的心！

立起自己内心的标准与满足感。是否成功地完成了一项任务，自己心里最清楚。

第三种工人，完美地体现了西点军校的哲学：自动自发，自我奖励，视工作为快乐。这样的工作哲学，是每一个企业都乐于接受和推广的。持有这种工作哲学的员工，就是每一个企业所追求和寻找的员工。他所在的企业、他的工作，也会给他最大的回报。

或许在过去的岁月里，有的人时常怀有类似第一种或第二种工人的消极看法，常常谩骂、批评、抱怨、四处发牢骚，对自己的工作没有丝毫激情，在生活的无奈和无尽的抱怨中平凡地生活着。

不论你过去对工作的态度究竟如何，都并不重要，毕竟那都已经过去了，重要的是，从现在起，你对未来的工作，态度将如何？

让我们像第三种工人那样，做最优秀的员工吧，并时常怀着一颗感恩的心！

没有任何借口

# 6. 全力以赴

不要只知道抱怨老板，却不反省自己。如果我们不是仅仅把工作当成一份获得薪水的职业，而是把工作当成是用生命去做的事，自动自发，全力以赴，我们就可能获得自己所期望的成功。

大部分青年人，好像不知道职位的晋升，是建立在忠实履行日常工作职责的基础上的。只有全力以赴、尽职尽责地做好目前所做的工作，才能使自己渐渐地获得价值的提升。相反，许多人在寻找自我发展机会时，常常这样问自己："做这种平凡乏味的工作，有什么希望呢？"

可是，就是在极其平凡的职业中、极其低微的岗位上，往往蕴藏着巨大的机会。只有把自己的工作做得比别人更完美、更迅速、更正确、更专注，调动自己全部的智力，全力以赴，从平凡的工作中找出新的工作方法来，才能引起别人的注意，自己也才会有发挥本领的机会，以满足心中的愿望。

杰克在国际贸易公司上班，他很不满意自己的工作，愤愤地对朋友说："我的老板一点也不把我放在眼里，改天我要对他拍桌子，然后辞职不干。"

"你对于公司业务完全弄清楚了吗？对于他们做国

际贸易的窍门都搞通了吗？"他的朋友反问。

"没有！"

"君子报仇三年不晚，我建议你好好地把公司的贸易技巧、商业文书和公司运营完全搞通，甚至如何修理复印机的小故障都学会，然后辞职不干。"朋友说，"你用他们的公司，做免费学习的地方，什么东西都会了之后，再一走了之，不是既有收获又出了气吗？"

杰克听从了朋友的建议，从此便默记偷学，下班之后，也留在办公室研究商业文书。

一年后，朋友问他："你现在许多东西都学会了，可以准备拍桌子不干了吧？"

"可是我发现近半年来，老板对我刮目相看，最近更是不断委以重任，又升职、又加薪，我现在是公司的红人了！"

"这是我早就料到的！"他的朋友笑着说，"当初老板不重视你，是因为你的能力不足，却又不努力学习；而后你痛下苦功，能力不断提高，老板当然会对你刮目相看。"

不要只知道抱怨老板，却不反省自己。如果我们不是仅仅把工作当成一份获得薪水的职业，而是把工作当成用生命去做的事，自动自发，全力以赴，我们就可能获得自己所期望的成功。成功者和失败者的分水岭在于成功者无论做什么，都力求达到最佳境地，丝毫不会放松；成功者无论做什么职业，都不会轻率、疏忽。

许多年轻人之所以失败，就是败在做事轻率这一点上。这些人对于自己所做的工作从来不会做到尽善尽美。

休斯·查姆斯在担任国家收银机公司销售经理期间曾面临着一种最为尴尬的情况：该公司在财务方面发生了困难。这件事被在外头负责推销的销售人员知道了，并因此失去了工作的热忱，销售量开始下跌。到后来，情况更为严重，销售部门不得不召集全体销售员开一次大会，全美各地的销售员皆被召去参加这次会议。查姆斯主持了这次会议。

首先，他请手下最佳的几位销售员站起来，要他们说明销售量为何会下跌。这些被唤到名字的销售员一一站起来述说，每个人都有一段最令人震惊的悲惨故事要向大家倾诉：商业不景气，资金缺少，人们都希望等到总统大选揭晓以后再买东西，等等。

当第5个销售员开始列举使他无法完成销售配额的种种困难时，查姆斯突然跳到一张桌子上，高举双手，要求大家肃静。然后，他说道："停止，我命令大会暂停10分钟，让我把我的皮鞋擦亮。"

然后，他命令坐在附近的一名黑人小工友把他的擦鞋工具箱拿来，并要求这名工友把他的皮鞋擦亮，而他就站在桌子上不动。

在场的销售员都惊呆了。有些人以为查姆斯发疯了，人们开始窃窃私语。在这时，那位黑人小工友先擦亮他的第一只鞋子，然后又擦另一只鞋子，他不慌不忙地擦着，表现出一流的擦鞋技巧。

皮鞋擦亮之后，查姆斯给了小工友一毛钱，然后发表他的演说。

他说："我希望你们每个人，好好看看这个小工友。他拥有在我们整个工厂及办公室内擦鞋的特权。他的前任是位白人小男孩，年纪比他大得多。尽管公司每周补贴那位白人小男孩5美元的薪水，而且工厂里有数千名员工，但他仍然无法从这个公司赚取足以维持他生活的费用。

"但这位黑人小男孩不仅可以赚到相当不错的收入，既不需要公司补贴薪水，每周还可以存下一点钱来，而他和他的前任的工作环境完全相同，也在我们这家工厂内，工作的对象也完全相同。

"现在我问你们一个问题，那个白人小男孩拉不到更多的生意，是谁的错？是他的错还是顾客的错？"

只有把自己的工作做得比别人更完美、更迅速、更正确、更专注，调动自己全部的智力，全力以赴，从平凡的工作中找出新的工作方法来，才能引起别人的注意，自己也才会有发挥本领的机会，以满足心中的愿望。

你的工作质量往往决定你生活的质量。

那些推销员不约而同地大声说："当然了，是那个小男孩的错。"

"正是如此。"查姆斯回答说，"现在我要告诉你们，你们现在推销收银机和一年前的情况完全相同：同样的地区、同样的对象以及同样的商业条件。但是，你们的销售成绩却比不上一年前。这是谁的错？是你们的错，还是顾客的错？"

同样又传来如雷般的回答："当然，是我们的错！"

"我很高兴，你们能坦率承认自己的错。"查姆斯继续说，"我现在要告诉你们。你们的错误在于，你们听到了有关本公司财务发生困难的谣言，这影响了你们的工作热忱，因此，你们就不像以前那般努力了。只要你们回到自己的销售地区，并保证在以后 30 天内，每人卖出 5 台收银机，那么，本公司就不会再发生什么财务危机了。你们愿意这样做吗？"

大家都说"愿意"，后来果然办到了。那些他们曾经强调的种种借口：商业不景气，资金缺少，人们都希望等到总统大选揭晓以后再买东西，等等，仿佛根本不存在似的，统统消失了。

你工作的质量往往决定你生活的质量。在企业里随处可见这样的人，他们的目标只是想过一天算一天，他们不断地抱怨自己的环境，就像是一块浮木，在人生之海上随波逐流，能找到怎样的工作，便担任怎样的职务，而且做事情能省力就省力。他们最高兴的是午餐时间、发薪日以及 5 点钟下班的时候。他们混过一天，回到家，一边喝啤酒、一边看电视。难道这就是一切吗？在工作中应该严格要求自己，能做到最好，就不能允许自己只做到次好；能完成 100%，就不能只完成 99%。不论你的工资是高还是低，你都应该保持这种良好的工作作风。每个人都应该把自己看成是一名杰出的艺术家，而不是一个平庸的工匠，应该永远带着热情和信心去工作，应该全力以赴，不找任何借口。得过且过的人在任何一个组织都很难升到中层职位以上。

# 7. "贪婪"一点，你会过得更好

一些人认为，作为一个好员工，就必须要有强大的精神力量，唯有如此，他才能够给公司创造大量的财富。虽然大家对"贪婪"这个词厌恶至极，但实际上，老板对于能带来效益的员工是非常器重的，因为对于钱财的吸引力本身就是一种非常难得的实力，而且"贪婪"也并不一定就是一个贬义词。正所谓"不想当将军的士兵就不是好士兵"，我们同样也可以对一个勤于工作、奋斗不息的人竖起大拇指，说一声："你可真会赚钱！"

前雷曼兄弟公司CEO理查德·福尔德在刚刚加入雷曼兄弟公司的时候，得到了一个不怎么好的名声，那就是过于爱财。在旁人看来，这个身材略显消瘦的家伙总是保持着对财富的渴望，他很少请客吃饭，而且稍微做出一丁点贡献，就马上向上级邀功请赏。

换个角度来说，福尔德又是一个非常聪明的人，他很会和别人搞好关系，在关键时刻总是表现得很仗义。所以像爱财、抠门这样的小毛病，在朋友看来也是可以接受的。

在招募了福尔德之后，雷曼兄弟公司似乎也时来运转了，它不但吞并了一些实力不济的竞争对手，还成功从运通公司独立出来，渐渐成长为华尔街上一股不可忽视的力量。在此期间，福尔德的职位不断攀升，工资也一涨再涨，到了1994年，他已经成了雷曼兄弟公司的一把手。但无论如何，福尔德"贪婪"的本性一点也没有变。

据说在1974年，福尔德当时还只是雷曼兄弟公司的一名中层管理人员，他所带领的团队取得了非常不错的成绩——在连续7个月的时间里，"福尔德小组"都是对公司贡献最大的。为了表彰这一做法，公司召开了一个小范围会议，对福尔德提出了表扬，但是对方对这些赞美的话毫无兴趣，他只是说了一句："根据眼下的情况判断，我认为公司需要拿出更具说服力的奖赏才好，而不是几个人围成一圈，说几句无关痛痒的废话。"

这几句冷冰冰的话就像是给喜悦、和谐的会场泼了一瓢凉水，谁也没有想到福尔德会说出这么一句不合时宜的话。坐在一旁的时任CEO彼特·彼得森马上反问了一句："那么理查德先生，我们需要多少现金奖励才能帮你打发那群公司精英呢？"

福尔德坚定地回答道："据我所知，在过去7个月的时间里，我们为公司创造了800万美元的纯收入，为此我提出100万美元的奖励金额，这个要求不算过分吧？"

彼得森沉默了一会儿，因为福尔德所说的都是事实，现在公司最缺的也就是这种能够开创大场面的人才，只不过100万美元的团队奖励似乎是有点高了。更重要的是，彼得森本人在雷曼兄弟公司困难的时候临危受命，挽狂澜于既倒，都没有要过这么高的报酬，而一帮刚刚为公司做出一点贡献的人，就狮子大开口，实在有些过分了。

但是散会之后，彼得森还是做出了奖励福尔德的决定，为了表示诚意，他还额外为福尔德申请了10万美元。当时有很多人都不能理解彼得森的做法，因为110万美元在当时可不是一个小数目，如果算上通货膨胀，这笔钱的购买力相当于今天的600万美元！令人感到奇怪的是，在随后的时间里，福尔德非但没有受到打压，反倒是春风得意，薪资待遇一路走高。之后，福尔德也开始委托代理人，找机会投资,这些举动都让他赚了个盆满钵满。身为公司高管,却将心思放在为自己赚钱上面,这一点让很多潜在的竞争对手深恶痛绝,但公司领导对此并没有表示不满。

到了1994年,福尔德已经成了雷曼兄弟公司名副其实的一把手,他的薪资待遇也成为人们讨论的话题。不明就里的人认为,这个天生的工作狂一定对财富"不感兴趣",但实际上,只有很少一部分人知道,福尔德的年薪已达到上千万美元。在2008年雷曼兄弟公司宣布破产之后,政府管理委员会主席亨利·威克斯曼对福尔德说道:"在2000年到2007年共计8年的时间里,你一共从雷曼兄弟公司领走了4.5亿美元的薪水,而雷曼兄弟公司的结局,所有人都看到了,你觉得这公平吗?"

福尔德依然还是那副冷冷的表情,他回应说:"这个传闻并不准确,事实上我只带走了3.5亿美元,就这么多。而且,我并不期待你们同情我。"

单纯看福尔德的职业生涯,我们就会看到他是一个非常成功的雇员。最初的时候,福尔德只是一个普通的飞行员,甚至还因为对长官不敬而被军队除名。在刚刚加入雷曼兄弟公司时,他也是从一个底层员工一步一步做起。通过个人表现,福尔德的地位飞速提升,如果按照他和威克斯曼的那一段对话来计算,21世纪伊始,福尔德的年薪最少也在4370万美元以上。

对于这样的结果,可能很多人都无法理解,为什么一个贪得无厌的人能够在一家世界顶级公司呼风唤雨、地位丝毫不受动摇?实际上,很多时候,领导在考量下级实力的时候,会将这个人的赚钱能力作为一个重要标准,同等条件下谁的"吸金"能力更强,谁对财富更为渴望,那么他就更胜一筹。这样考量也是有

衡量一个员工是否优秀的标准就在于,这个人是否能够为企业带来足够多的财富,同时,他的领导是不是可以将其稳稳地掌控其中。

(1)会给自己赚钱,就会给公司赚钱。

(2)把风筝的线团交到老板手中。

(3)"贪婪",其实是无往不克的"狼性文化"。

一定道理的，所谓人为财死，鸟为食亡，刻意掩盖自己渴望财富的人，反倒显得不够真实，老板对他们捉摸不透，也就不敢加以重用。其实，衡量一个员工是否优秀的标准就在于，这个人是否能够为企业带来足够多的财富，同时，他的领导是不是可以将其稳稳地掌控其中，这就是福尔德留给众人的启示。

（1）会给自己赚钱，就会给公司赚钱。有一句话叫作爱惜自己的人才懂得如何爱别人，换到赚钱上面来说，也是成立的。如果一个人很会赚钱的话，那么他在工作当中的"吸金"能力也一定差不到哪里去。当初看到福尔德贪得无厌的样子，几乎所有人都将他看作一个目光短浅的趋势之徒，彼得森却无数次地包容他、提拔他。果然，在随后的时间里，福尔德也确实向大家证明了，他是一个难得一见的"印钞机器"，雷曼兄弟公司因为他的出现获利不少。

（2）把风筝的线团交到老板手中。实际上，好的员工都会将自己定义为漫天飞舞的风筝，而最后的线团一定要交到老板自己手中的。点破自己的缺点，有助于让老板找到管理你的方式。试想一下，假如你的下属是一个什么都不需要的人，你还敢把自己的事业交到他的手上吗？过分的付出，会给老板产生"商业间谍"的错觉，无论何时何地，懂得让老板掌握主动权的员工才是好员工。

（3）"贪婪"，其实是无往不克的"狼性文化"。不想当将军的士兵不是好士兵，如果一个人只是唯唯诺诺、每日混得个温饱就心满意足的话，还有哪个领导敢重用他呢？永不知足、不断渴望获得的"狼性文化"已经得到了世界各大富商的一致认可。无欲无求，看上去很美好，却不是一个企业的生存之道。

所以，一名优秀的员工，要适时地表现出自己对财富的渴望，通过个人进取性的展示，让领导从心底里认识到你的实力。不加辨别的贪得无厌会使领导感到厌恶，但是无效奉献也同样会给人带来不真实的感受。要做一名最优秀的员工，没有强烈的个人诉求，实际上是非常不现实的。或许，"贪婪"一点，你会过得更好。

# VI

## 超越雇佣关系

# 1. 工作是我们要用生命去做的事

> 工作不是我们为了谋生才做的事，而是我们要用生命去做的事。工作就是付出努力。没有卑微的工作，只有卑微的工作态度，而工作态度完全取决于我们自己。

你在这个世界中将找到什么样的工作？你的工作将是什么？从根本上说，这不是一个关于干什么事和得什么报酬的问题，而是一个关乎生命的问题。工作就是付出努力。正是为了成就什么或获得什么，我们才要专注，并在那个方面付出精力。从这个本质而言，工作不是我们为了谋生才做的事，而是我们要用生命去做的事。

工作是上天赋予的使命。把自己喜欢的并且乐在其中的事情当成使命来做，就能发掘出自己特有的能力。其中最重要的是能保持一种积极的心态，即使是辛苦、枯燥的工作，也能从中感受到价值，在你完成使命的同时，会发现成功之芽正在萌发。

如果年轻的厨师想早日使自己的手艺精湛，仅仅想着"我要做美味的料理"就以为能实现心愿，那简直是天方夜谭！如果不只是"要做美味的料理"，而是要抱持"做美味的料理是上天赐予我的最完美的工作"的念头，料理的手艺就能进步了。为什么呢？因为如果这样想的话，做菜这件事就会变成一件愉快的事情了。

即使是拥有相同条件的经营者，一个抱持着"个人利益最大化"思想的人，与一个"工作是上天赋予的使命，完成使命关系着人类幸福"思想的人，两者所得到的结果将是完全不同的。如果能想着"工作是最完美的使命"或"完成这个工作是自己的使命"的话，就不会产生工作是公司委派的任务或因为上司的命令才行动这样的情绪。

做事的第一步是学会如何去做。事情可以做好，也可以做坏。可以高高兴兴和骄傲地做，也可以愁眉苦脸和厌恶地做。如何去做，这完全在于我们，这是一个选择的问题。以下这句话也许是古代罗马斯多葛派的哲学家们提供给人类的最伟大的见解：没有卑微的工作，只有卑微的工作态度，而我们的工作态度完全取决于我们自己。

一个人的工作，是他亲手制成的雕像，是美丽还是丑恶，可爱还是可憎，都是由他一手造成的。而一个人的一举一动，无论是写一封信，出售一件货物，或是打一个电话，都在说明雕像或美或丑，或可爱或可憎。

一个人所做的工作，就是他人生的部分表现。而一生的职业，就是他志向的表示、理想的所在。所以，了解一个人的工作，在某种程度上就是了解其本人。

如果一个人轻视他自己的工作，而且做得很粗陋，那么他绝不会尊敬自己。如果一个人认为他的工作辛苦、烦闷，那么他的工作绝不会做好，这一工作也无法发挥他内在的特长。在社会上，有许多人不尊重自己的工作，不把自己的工作看成干事业的要素和完善自身人格的工具，而视为衣食住行的必需，认为工作是生活的代价、是不可避免的劳碌，这是多么错误的观念啊！常常抱怨工作的人，终其一生，绝不会有真正的成功。抱怨和推诿，其实是懦弱的自白。

工作就是付出努力实现自我的过程。最令人满意

工作不是我们为了谋生才做的事，而是我们要用生命去做的事。

的工作就是在工作中我们能展现自己的才能和得到社会的认可。一个人对工作所持的态度，和他本人的个性、做事的才能有着密切的关系。要看一个人能否实现自己的人生理想，只要看他工作时的精神和态度就可以了。如果某人做事的时候，感到受了束缚，感到所做的工作劳碌辛苦，没有任何趣味可言，那么他绝不会做出伟大的成就。

不论做何事，务必竭尽全力，是否具备这种精神可以决定一个人日后事业上的成功与否。一个人工作时，如果能以自强不息的精神、火焰般的工作热忱，充分发挥自己的特长，那么不论所做的工作怎样，都不会觉得劳苦。如果我们能以充分的热忱去做最平凡的工作，也能成为最精巧的工人；如果以冷淡的态度去做最高尚的工作，也不过是个平庸的工匠。倘若能处处以主动、努力的精神来工作，那么即使在最平凡的职业中，也能增加自己的威望和财富。

不管你的工作看起来是怎样的卑微，你都应当以饱满的精神和十二分的工作热忱来对待。在任何情形之下，都不要厌弃自己从事的工作，厌恶自己的工作，否则最终也会遭到工作的厌恶。如果你为环境所迫而做一些乏味的工作，你也应当设法从这些乏味的工作中找出乐趣来。要懂得，凡是应当做而又必须做的事情，总能找出事情的乐趣，这是我们对于工作应抱有的态度。有了这种态度，无论做什么工作，都能有很好的成效。

# 2. 怀抱一颗感恩的心

一个人的成长，要感谢父母的恩情，感谢国家的培养，感谢师长的教导，感谢大众的帮助。感恩不但是美德，更是一个人之所以为人的基本条件！不要忘了感谢你周围的人、你的上司和同事。感谢给你提供机会的公司。你是否曾经想过，写一张字条给上司，告诉他你是多么热爱自己的工作，多么感谢工作中获得的机会。

即使是拥有相同条件的经营者，一个抱持着"个人利益最大化"思想的人，与一个"工作是上天赋予的使命，完成使命关系着人类幸福"思想的人，两者所得到的结果将是完全不同的。

为什么我们能够轻而易举地原谅一个陌生人的过失，却对自己的老板和上司耿耿于怀呢？为什么我们可以为一个陌路人的点滴帮助而感激不尽，却无视朝夕相处的老板的种种恩惠，将一切视为理所当然？如果我们在工作中不是动辄就寻找借口来为自己开脱，而是能怀抱着一颗感恩的心，情况就会大不一样。

成功守则中有一条黄金定律：待人如己。也就是凡事为他人着想，站在他人的立场上思考。"你是一名雇员时，应该多考虑老板的难处，给老板一些同情和理解；当自己成为一名老板时，则需要考虑雇员的利益，对他们多一些支持和鼓励。"

我曾经为他人工作，那时候我对这一黄金定律还不理解，认为老板太苛刻。现在我为自己工作，却觉得员工太懒惰，太缺乏主动性。其实，什么都没有改变，改变的只是看待问题的方式。

这条黄金定律不仅仅是一种道德法则，还是一种动力，能推动整个工作环境的改善。当你试着待人如己，多替老板着想时，你身上就会散发出一种善意，影响和感染包括老板在内的周围的人。这种善意最终会回馈到你自己身上。如果今天你从老板那里得到一份同情和理解，很可能就是以前你在与人相处时遵守这条黄金定律所产生的连锁反应。

其实，经营管理一家公司或一个部门是件复杂的工作，会面临种种烦琐的问题。来自客户、公司内部的巨大压力，随时随地都会影响老板的情绪。要知道老板也是普通人，有自己的喜怒哀乐，有自己的缺点。他之所以成为老板，并不是因为完美，而是因为有某种他人所不具备的天赋和才能。因此，首先我们需要用对待普通人的态度来对待老板。

许多人总是对自己的上司不理解，认为他们不近人情、苛刻，甚至认为可能会阻碍有抱负的人获得成功。不但对上司、对工作环境、对公司、对同事，总是有这样那样的不满意和不理解。

同情和宽容是一种美德，如果我们能设身处地为老板着想，怀抱一颗感恩的心，或许能重新赢得老板的欣赏和器重。退一步来说，如果我们能养成这样思考问题的习惯，最起码我们能够做到内心宽慰。

我们每一个人都获得过别人的帮助和支持，应该时刻感谢这些帮助你的人，感谢上天的眷顾。

一个人的成长，要感谢父母的恩情，感谢国家的培养，感谢师长的教导，感谢大众的帮助。没有父母养育，没有师长教诲，没有国家爱护，没有大众助益，我们何能存于天地之间？所以，感恩不但是美德，还是一个人之所以为人的基本条件！

今日的一些年轻人，自从来到尘世间，都是受父母的呵护，受师长的指导。他们对世界未有一丝贡献，却牢骚满怀，抱怨不已，看这不对，看那不好，视恩义如草芥，只知仰承天地的甘露之恩，不知道回馈，由此足见内心的贫乏。

现在有一些中年人，虽有国家的栽培，上司的提携，自己尚未发挥所长，贡献于社会，却也不满现实，诸多委屈，好像别人都对不起他，愤愤不平。因此，在家庭里，难以成为善良的家长；在社会上，难以成为称职的员工。

羔羊跪乳，乌鸦反哺，动物尚且感恩，何况我们作为万物之灵的人类呢？我们从家庭到学校，从学校到社会，重要的是要有感恩之心。

感恩已经成为一种普遍的社会道德。然而，人可以为一个陌路人的点滴帮助而感激不尽，却无视朝夕相处的上司、同事的种种恩惠。将一切视之为理所当然，视之为纯粹的商业交换关系，这是许多公司与员工之间矛盾紧张的原因之一。的确，雇用和被雇用是一种契约关系，但是在这种契约关系背后，难道就没有一点同情和感恩的成分吗？上司和员工之间并非是对立的，从商业的角度，也许是一种合作共赢的关系；从情感的角度，也许有一份亲情和友谊。

你是否曾经想过，写一张字条给上司，告诉他你是多么热爱自己的工作，多么感谢工作中获得的机会。这种深具创意的感谢方式，一定会让他注意到你，甚至可能提拔你。感恩是会传染的，上司也同样会以具体的方式来表达他的谢意，感谢你为公司所提供的服务。

不要忘了感谢你周围的人、你的上司和同事，感谢给你提供机会的公司。因为他们了解你、支持你。大声说出你的感谢，让他们知道你感激他们的信任和帮助。请注意，一定要说出来，并且要经常说！这样

> 成功守则中有一条黄金定律：待人如己。也就是凡事为他人着想，站在他人的立场上思考。

可以增强公司的凝聚力。

永远都需要感谢。推销员遭到拒绝时，应该感谢顾客耐心听完自己的解说，这样才有下一次惠顾的机会；上司批评你时，应该感谢他给予的种种教诲。感恩不花一分钱，却是一项重大的投资，对于未来极有助益！

真正的感恩应该是真诚的，发自内心的感激，而不是为了某种目的，迎合他人而表现出的虚情假意。与溜须拍马不同，感恩是自然的情感流露，是不求回报的。一些人从内心深处感激自己的上司，但是由于惧怕流言飞语，而将感激之情隐藏在心中，甚至刻意地疏离上司，以表自己的清白。这种想法是何等幼稚啊！

感恩并不仅仅有利于公司和老板，对于个人来说，感恩能丰富人生。它是一种深刻的感受，能够增强个人的魅力，开启神奇的力量之门，发掘出无穷的潜能。感恩也像其他受人欢迎的特质一样，是一种习惯和态度。

感恩和慈悲是近亲。时常怀有感恩的心，你会变得更谦和、可敬且高尚。每天都用几分钟时间，为自己能有幸成为公司的一员而感恩，为自己能遇到这样一位老板而感恩。

"谢谢你""我很感激你"，这些话应该经常挂在嘴边。以特别的方式表达你的感谢之意，付出你的时间和心力，为公司更加勤奋地工作，比物质的礼物更可贵。

当你的努力和感恩并没有得到相应的回报，当你准备辞职调换一份工作时，同样也要心怀感激之情。每一份工作、每一个老板都不是尽善尽美的。在辞职前仔细想一想，自己曾经从事过的每一份工作，多少都存在着一些宝贵的经验与资源。失败的沮丧、自我成长的喜悦、严厉的上司、温馨的工作伙伴、值得感谢的客户……这些都是人生中值得学习的经验。如果你每天能带着一颗感恩的心去工作，相信工作时的心情自然是愉快而积极的。

没有任何借口

# 3. 带着热情去工作

我们每一个人都获得过别人的帮助和支持，应该时刻感谢这些帮助你的人，感谢上天的眷顾。

只有那些对自己的愿望有真正热情的人，才有可能把自己的愿望变成美好的现实。

> 热情，就是一个人保持高度的自觉，就是把全身的每一个细胞都调动起来，完成内心渴望完成的工作。所有的人都具备工作的热情，只不过有的人习惯于将热情深深地埋藏起来。带着热情去工作吧！
>
> 很难想象，一个没有热情的员工能始终如一、高质量地完成自己的工作，更别说做出创造性的业绩了。

热情，就是一个人保持高度的自觉，就是把全身的每一个细胞都调动起来，完成内心渴望完成的工作。热情是一种强劲的激动情绪，一种对人、事、物和信仰的强烈情感。热情的发泄可以产生善、恶两种截然不同的力量。历史上有许多依靠个人热情改变现实的故事。每一个爱情故事、历史巨变——不论是社会、经济、哲学或是艺术，都因有热情的个人参与才得以进行。

拿破仑发动一场战役只需要两周的准备时间，换成别人那会需要一年。这中间所以会有这样的差别，正是因为他那无与伦比的热情。战败的奥地利人目瞪口呆之余，也不得不称赞这些跨越了阿尔卑斯山的对手："他们不是人，是会飞行的动物。"

拿破仑在第一次远征意大利的行动中，只用了15天时间就打了6场胜仗，缴获了21面军旗、55门大炮，俘虏了15000人，并占领了皮德蒙特。

在拿破仑这次辉煌的胜利之后，一位奥地利将领愤愤地说："这个年轻的指挥官对战争艺术简直一窍不通，用兵完全不合兵法，他什么都做得出来。"但拿破仑的士兵也正是以这么一种根本不知道失败为何物的热情跟随着他们的长官，从一个胜利走向另一个胜利。

我们敬佩拿破仑，但我们更应该赞美拿破仑手下那些具有无比热情的士兵，他们才是最伟大的人。

一旦缺乏热情，军队无法克敌制胜；一旦缺乏热情，人类不会创造出震撼人心的音乐，不会建造出富丽堂皇的宫殿，不能征服自然界各种强悍的力量，不能用诗歌去打动心灵，不能用无私崇高的奉献去感动这个世界；如果缺乏热情，你即使有多么美好的愿望，也无法变为现实。也正是因为热情，伽利略才举起了他的望远镜，最终让整个世界都为之信服；哥伦布才克服了艰难险阻，领略了巴哈马群岛清新的晨曦。凭借着热情，自由才获得了胜利；凭借着热情，弥尔顿、莎士比亚才在纸上写下了他们不朽的诗篇。

有人问我，是不是所有的人都具备工作热情。绝对正确，每一个人都有，也许隐藏在恐惧之后，可是总在那儿。热情是实现愿望最有效的工作方式。如果你能够让人们相信，你的愿望确实是你自己想要实现的目标，那么即使你有很多缺点别人也会原谅你。只有那些对自己的愿望有真正热情的人，才有可能把自己的愿望变成美好的现实。

人是很奇妙的，我相信人性能创造奇迹。多年来我看过许多人都能有意识地创造人生，而不是漫无目的地度过一生。又有多少次，那些最初觉得自己不可能把握自己、施展力量的人，最后却都能扭转乾坤。

每个人内心都有热情，能感受强烈的情绪，可是没有几个人能依此情感行动，他们习惯于将热情深深地埋藏起来。

曾经有一次，有三个人做了一个小游戏：同时在纸片上把他们曾经见过的性格最好的朋友的名字写下来，还要解释为什么选这个人。结果公布后，第一个人解释了为什么会选择所写下的那个人："每次他走进房间，给人的感觉都是容光焕发，好像生活又焕然一新。他为人热情，性格活泼，乐观开朗，总是非常振奋人心。"

第二个人也解释了他的理由："他不管在什么场合，做什么事情，都是尽其所能、全力以赴。"

第三个人说："他对一切事情都尽心尽力。"

这三个人是美国几家大刊物的记者，他们见多识广，几乎踏遍了世界的每一个角落，结交过各种各样的朋友。他们互相看了对方纸片上的名字之后，发现他们竟然不约而同地写了澳大利亚墨尔本一位著名律师的名字，这正是因为这名律师拥有无以伦比的热情。

对待工作没有任何借口，就必须具有足够的热情。带着热情去工作吧！很难想象，一个没有热情的员工能始终如一、高质量地完成自己的工作，更别说做出创造性的业绩了。

对待工作没有任何借口，就必须具有足够的热情。带着热情去工作吧！

是自己的问题就自己承担，是别人的问题就帮别人找到问题，同时提醒他意识到自己的责任。

# 4. 选择激情，选择完美

> 每个人都应该珍惜自己的自由、选择和责任，并能
> 在自由的选择和责任的担当中展现自己的力量和智慧，
> 收获自己创造的欢乐。把工作与快乐联结起来，选择激
> 情，就是选择完美。

一位在海军服役的朋友讲过这样一件事。当年他在一艘驱逐舰
上服役，有一次他所在的舰艇与另两艘舰艇一起训练。碰巧的是，
这三艘舰艇出自同一个造船厂、来自同一份设计图纸，在六个月的
时间里先后被配备到同一个战斗群中。派到这三艘舰只上的人员也
基本相同，船员们经过同样的训练课程，并从同一个后勤系统中获
得补给和维修服务。然而，在训练中三艘舰艇的表现却迥然不同。

其中的一艘似乎永远也不能正常工作，它无法按照操作安排进
行训练，在训练中表现很差劲，船很脏，水手的制服看上去皱皱巴
巴的，整艘船上弥漫着一种缺乏自信的气氛。另一艘船也不断出现
一些大的毛病，表现平平。只有第三艘舰艇没有出现大的事故，在
训练和检查中表现出色，而且，最重要的是，每次任务都完成得非
常完满，船员们信心十足，斗志昂扬。

我对这个故事很感兴趣，很想知道是什么原因造成这三艘舰艇
有如此的不同表现。我的海军朋友告诉我说："因为舰上的指挥官和
船员们的责任状况不同。他所在的舰艇是由责任感强的管理者领导
的，而其他两艘不是。"

没有任何借口

他所在舰艇的舰长是个善于调动每个水兵的责任激情的头儿，他总能找到一些办法让每个水兵时刻意识到自己的职责，并对自己的职责保持旺盛的激情，尤其是他从不将自己的责任推卸给下级，是自己的问题就自己承担，是别人的问题就帮别人找到问题，同时提醒他人意识到自己的责任。整艘舰艇充满了各尽其职，上下互动的激情，从而使舰艇保持了最佳的工作状态。而另外两艘舰艇的头儿不仅不重视调动大家的责任激情，反而遇事就急于找借口："发动机出毛病了！""我们不能从供应中心得到需要的零件。"上级如此，下级仿效，导致了整艘舰艇被一种不负责任的情绪笼罩着，以致问题百出。

这个故事让我想起了另一件事。在我认识的企业家中，最令我钦佩的不是那些巨型企业的掌门人，而是一位名不见经传的企业家。从创业伊始，他就从来不对员工做冗长的说教，定制度也是能简则简。他每天早晨上班后的必修课就是与员工一起跳欢快的集体舞，朗读励志经典，然后与每个人相互击掌，说一声："你是最棒的！"经过这样简短的"早课"，每个人脸上都洋溢出热情的笑容。无论你上班前有多少烦恼，一踏入公司就会被这快乐的氛围所感染，进入轻松愉快的工作状态。对员工而言，这个公司有着难以言喻的魔力。优美的音乐，轻松的谈笑，热情的鼓励，温馨的祝福，这一切都把工作与好心情联系在一起。甚至连"惩罚"都富有人情味——如规定谁若上班迟到10分钟以上，就请他拿出10元钱买糖果给大家吃。这样"松散"管理的结果却是员工极少迟到，反而为工作自觉自愿地加班加点。当然，他领导的公司经过几年快速的成长，早已经可以傲视同侪了。

把工作与快乐联结起来，选择激情，选择完美，是尽职尽责的激情让他们显得与众不同。

一个出色的管理者自己并不一定是全能的，但只要他能调动下级的责任激情，他就是全能的。

把工作与快乐联结起来，选择激情，选择完美，是尽职尽责的激情让他们显得与众不同。因此，一个出色的管理者自己并不一定是全能的，但只要他能调动下级的责任激情，他就是全能的。同样，一个负责的管理者不仅是一个让自己具有责任激情的人，也是一个善于调动下级的责任激情的人。

　　有这样一个古老的故事。有一天，两个孩子设计了一个圈套，想挑战一位智慧老人。他们抓到了一只小鸟，来到老人面前。一个孩子把小鸟捂在自己的手里对老人说："智慧老人，你能不能告诉我，我手里的这只小鸟是活的还是死的？"老人默默地凝视着两个孩子，然后说："如果我告诉你，你手里的鸟是活的，你就会捏死它；如果我说这只鸟是死的，你就会张开手，让它自由地飞走。孩子，你的手现在掌握着能决定生死的权力。你可以选择毁灭它、结束它的生命和它的歌唱，你也可以选择给这只鸟自由，这样它就会有自己的未来，发挥自己的所有潜力。你当然会明智地在生和死之间做出选择。如果你让我的回答来决定这只鸟的命运，你就会失去本来属于你的权力，同时你也就放弃了去做出正确选择的责任，放弃了展现自己的力量和智慧时的欢乐。"

　　两个孩子满意地回到了山下，他们变得更聪明了。这位老人尊重这两个孩子挑战权威的愿望，也尊重他们对自己的智慧和能力的测试，但老人也洞察到在这两个孩子反叛的行为背后有着放弃自我责任的潜在心理，因此，他有意不配合孩子的提问，这样就唤起了他们的自我责任感，有助于他们的成长。

　　在这位老人的做法中，我们一定会获得很多启示，应该让员工珍惜自己的自由、选择和责任，也让他们能在自由的选择和责任的担当中展现自己的力量和智慧，并收获自己创造的欢乐。而现代企业的员工也应该从这两个孩子的行为中，得到一些有益的启示：我们是否能在上级的启发中体察到我们的自由、选择和责任，能否将理性的工作变为一种激情的生活？

# 5.  自动自发地工作

　　我们常常认为只要准时上班，按点下班，不迟到，不早退就是完成工作了，就可以心安理得地去领工资了。其实，工作首先是一个态度问题，工作需要热情和行动，工作需要努力和勤奋，工作需要一种积极主动、自动自发的精神。自动自发地工作的员工，将获得工作所给予的更多的奖赏。

卓有成效和积极主动的人，总是在工作中付出双倍甚至更多的智慧、热情、信仰、想象和创造力，而失败者和消极被动的人，却将这些深深地埋藏起来，他们有的只是逃避、指责和抱怨。

　　坦诚地说，我们所看到的许多年轻人，大多数是茫然的。他们每天在茫然中上班、下班，到了固定的日子领回自己的薪水，高兴一番或者抱怨一番之后，仍然茫然地去上班、下班……他们从不思索关于工作的问题：什么是工作？工作是为了什么？可以想象，这样的年轻人，他们只是被动地应付工作，为了工作而工作，他们不可能在工作中投入自己全部的热情和智慧。他们只是在机械地完成任务，而不是去创造性地、自动自发地工作。

　　我们没有想到，我们固然是踩着时间的尾巴准时上下班的，可是，我们的工作很可能是死气沉沉的、被动的。当我们的工作依然被无意识所支配的时候，很难说我们对工作的热情、智慧、信仰、创造力被最大限度地激发了出来，也很难说我们的工作是卓有成效的。我们只不过是在"过日子"或者"混日子"罢了！

其实，工作是一个包含了诸多智慧、热情、信仰、想象和创造力的词汇。卓有成效和积极主动的人，总是在工作中付出双倍甚至更多的智慧、热情、信仰、想象和创造力，而失败者和消极被动的人，却将这些深深地埋藏起来，他们有的只是逃避、指责和抱怨。

工作首先是一个态度问题，是一种发自肺腑的爱，一种对工作的真爱。工作需要热情和行动，工作需要努力和勤奋，工作需要一种积极主动、自动自发的精神。只有以这样的态度对待工作，我们才可能获得工作所给予的更多的奖赏。

应该明白，那些每天早出晚归的人不一定是认真工作的人，那些每天忙忙碌碌的人不一定是优秀地完成了工作的人，那些每天按时打卡、准时出现在办公室的人不一定是尽职尽责的人。对他们来说，每天的工作可能是一种负担、一种逃避，他们并没有做到工作所要求的那么多、那么好。对每一个企业和老板而言，他们需要的决不是那种仅仅遵守纪律、循规蹈矩，却缺乏热情和责任感，不能够积极主动、自动自发工作的员工。

工作不是一个关于干什么事和得什么报酬的问题，而是一个关于生命的问题。工作就是自动自发，工作就是付出努力。正是为了成就什么或获得什么，我们才专注于什么，并在那个方面付出精力。从这个本质的方面说，工作不是我们为了谋生才去做的事，而是我们用生命去做的事！

成功取决于态度，成功也是一个长期努力积累的过程，没有谁是一夜成名的。所谓的主动，指的是随时准备把握机会，展现超乎他人要求的工作表现，以及拥有"为了完成任务，必要时不惜打破常规"的智慧和判断力。知道自己工作的意义和责任，并永远保持一种自动自发的工作态度，为自己的行为负责，是那些成就大业之人和凡事得过且过之人的最根本区别。

明白了这个道理，并以这样的眼光来重新审视我们的工作，工作就不再成为一种负担，既使是最平凡的工作也会变得意义非凡。

在各种各样的工作中，当我们发现那些需要做的事情——哪怕并不是分内的事的时候，也就意味着我们发现了超越他人的机会。因为在自动自发地工作的背后，需要你付出的是比别人多得多的智慧、热情、责任、想象力和创造力。

工作首先是一个态度问题，是一种发自肺腑的爱，一种对工作的真爱。

工作需要热情和行动，工作需要努力和勤奋，工作需要一种积极主动、自动自发的精神。

只有以这样的态度对待工作，我们才可能获得工作所给予的更多的奖赏。

# 6. 努力工作，优劣自有评说

> 我们常常喜欢从外部环境来为自己寻找理由和借口，不是抱怨职位、待遇、工作的环境，就是抱怨同事、上司或老板，而很少问问自己：我努力了吗？我真的对得起这份工作吗？对努力工作的人，工作会给予他意想不到的奖赏。

不管是你的工作与你的预期有多么大的差距，或者是你的工作有多么的无聊、单调和乏味，我们能做的只能是努力工作。这一点对于刚走向社会的年轻人尤为重要。职业生涯规划专家的建议是："如果的确是没什么意义的工作，尽管无聊，也不可一味抱怨，请想些把工作变得更有趣的方法。一份工作是否无聊或有趣，是由你怎么想、怎么去完成而决定的。"

对工作永远保持乐观的态度，这也是每个人应具有的人生态度。著名主持人弗兰克的经历能给我们许多有益的启示。

弗兰克原本是电视台的记者，十多年过去了，一直没有发达的机会，职位和薪水也不是很理想。弗兰克自己觉得，尽管努力工作了，公司却总是给予他最低的评价。生气的弗兰克经过一番考虑后，很想提出辞呈一走了之。在做出最后决定之前，他向职业生涯规划专家征求意见。

专家告诉他："造成现在这种情况，你思考过是什么原因吗？你尝试过去了解你的工作、喜爱你的工作吗？你是否真正努力工作过？如果仅仅是因为对现在的工作或职位、薪水感到不满而辞去工作，你也不会有更好的选择。稍微忍耐一下，转变你的工作态度，试着从现在的工作中找到价值和乐趣，也许你会有意外的发现和收获。当你真正努力过了，到那时候再考虑辞职也不晚。"

弗兰克听从了专家的建议，他重新审视了他过去的工作经历，并试着多一些乐观的想法，于是找到了以前绝对无法体会的"乐趣"，了解到他的工作性质是可以认识很多人，也能交到很多的朋友的。自那之后，弗兰克广交朋友，于是不知不觉中，对公司的不平、不满的情绪消失了。不仅如此，数年后弗兰克在公司内得到的评价是——"擅长建立人际关系的弗兰克"。

很快，弗兰克不但获得了提升，他本人也成了美国著名的节目主持人。

我们常常喜欢从外部环境为自己寻找理由和借口，不是抱怨职位、待遇、工作的环境，就是抱怨同事、上司或老板，而很少问问自己：我努力了吗？我真的对得起这份工作吗？要知道，抱怨得越多，失去得也越多，借口只会让你一事无成。

琳达是一位西点学员的妹妹，她大学毕业后，进入了向往已久的报社当记者。虽然说是记者，却没有被指派去担任采访等工作，而是每天做一些整理别人的采访录音带之类的小事情。

做这样无聊的工作是她以前所没有料到的，而日益不满的她，甚至萌生出辞职的念头。在西点军校毕业的哥哥给了她这样的建议："你是幸运的，你正在接近你最喜欢的工作。如果你觉得现在的工作无聊的话，那只是你的借口，说明你并没有努力工作。你可

对工作永远保持乐观的态度，这也是每个人应具有的人生态度。

我们常常喜欢从外部环境为自己寻找理由和借口，不是抱怨职位、待遇、工作的环境，就是抱怨同事、上司或老板，而很少问问自己：我努力了吗？我真的对得起这份工作吗？

以试着学习如何快速听写录音带，试着成为快速记录的高手。将来一定会派上用场的。因为听写一个小时的录音带，往往要耗掉三至五倍的时间，但如果精通速记的话，只要花费和录音带相同的时间就可以完成了，不但合理也省时。"

于是，琳达每个周末都去文化学院学习速记。她精通了速记后，变得能够自如地进行录音带的速记工作。6年以后，她以"录音带速记高手"的身份闻名各界，因其速记的"更快速、更便宜、更正确"，即使在经济不景气的时候，工作也从没间断过。

因为态度的不同，同样的工作，会干出不一样的效果；而干同样工作的人，也会有不同的体验和收获。

艾伦大学毕业后被分到英国大使馆做接线员。做一个小小的接线员，是很多人觉得很没出息的工作，艾伦却在这个普通工作岗位上做出了成绩。她将使馆所有人的名字、电话、工作范围甚至他们的家属的名字都背得滚瓜烂熟。有些电话打进来，有事不知道该找谁，她就会多问问，尽量帮他们准确地找到人。慢慢地，使馆人员有事要外出，并不是告诉他们的翻译，而是给她打电话，告诉她会有谁来电话，请转告哪些事，有很多公事、私事也委托她通知，艾伦逐渐成了大使馆全面负责的留言中心秘书。

有一天，大使竟然跑到电话间，笑咪咪地表扬她，这是破天荒的事。结果没多久，她就因工作出色而被破格调去给英国某大报记者处做翻译。

该报的首席记者是个名气很大的老太太，得过战地勋章，被授过勋爵，本事大，脾气也大，她把前任翻译给赶跑后，刚开始也不要艾伦，后来才勉强同意一试。一年后，工作出色的艾伦被破格升调到外交部，在外交部她干得又同样出色，之后获外交部嘉奖……

对努力工作的人，工作会给予他意想不到的奖赏。总是做得比应该做的更多，你就会出人头地，这是成功者与穷其一生只能服从别人的人们之间的最大差距。

# 7. 更好、更强、更完善

在我们的职业生涯中，我们经常面临竞争的压力和被淘汰的危险，个人如此，公司也一样，因此，只有不断地强化自己，才有一个安全并持续上升的未来。更好、更强、更完善，把自己的发展与企业的成长结合起来，在工作中与企业一起享受成长的快乐。

积极进取的激情不仅是战胜外在困难的动力，也是自我完善的动力。一个企业员工要做好自己的工作，并在飞速发展的技术更新和职业竞争中立于不败之地，他就要不断地自我充电，自我更新。

有这样一个寓言。有一天，龙虾与寄居蟹在深海中相遇，寄居蟹看见龙虾正把自己的硬壳脱掉，露出娇嫩的身躯。寄居蟹非常紧张地说："龙虾，你怎么可以把唯一能够保护自己身躯的硬壳也放弃呢？难道你不怕大鱼一口把你吃掉吗？以你现在的情况来看，连急流也会把你冲向岩石，到时你不死才怪呢！"

龙虾气定神闲地回答："谢谢你的关心，但是你不了解，我们龙虾每次成长，都必须先脱掉旧壳，才能生长出更坚固的外壳，现在面对的危险，只是为了将来发展得更好而做出的准备。"

因为态度的不同，同样的工作，会干出不一样的效果；而干同样工作的人，也会有不同的体验和收获。

对努力工作的人，工作会给予他意想不到的奖赏。

寄居蟹细心思量，自己整天只找可以避居的地方，而没有想过如何令自己成长得更强壮，整天只活在别人的护荫之下，永远都限制了自己的发展。

显然，我们不能像寄居蟹那样，只安于现状，而看不到潜在的危机。还有一个寓言，对我们也很有启发。一只野狼卧在草上勤奋地磨牙，狐狸看到了，就对它说："天气这么好，大家在休息娱乐，你也加入我们的队伍吧！"

野狼没有说话，继续磨牙，把它的牙齿磨得又尖又利。狐狸奇怪地问道："森林这么静，猎人和猎狗已经回家了，老虎也不在近处徘徊，又没有任何危险，你何必那么用劲磨牙呢？"

野狼停下来回答说："我磨牙并不是为了娱乐，你想想，如果有一天我被猎人或老虎追逐，到那时，我想磨牙也来不及了。平时我把牙磨好，到那时就可以保护自己了。"

军人们经常说："平时多流汗，战时少流血。"讲的也是这个道理。这个简单的道理我们人人都明白，但真正要做到是不容易的。在我们的职业生涯中，我们经常面临竞争的压力和被淘汰的危险，个人如此，公司也一样，因此，只有不断地强化自己，才有一个安全并持续上升的未来。

我们都知道诺基亚公司是世界上著名的手机生产商之一，但我们不一定知道这个公司是如何起家并发展起来的。一个世纪前，弗雷德里克·艾德斯坦创建的诺基亚是一个小型造纸厂。开始几年，公司的处境很艰难，经过几十年的发展，在 20 世纪中期出现过短暂的辉煌。到 20 世纪中期，公司产品主要分四个部分：木材、橡胶、缆线和电子产品。在接下来的 20 年里，诺基亚度过了一段困难时期。这个有着百年历史的公司臃肿庞大、连连亏损，公司管理层明白公司亟待改善。

为扭转利润下滑的局面，一个在诺基亚只有五年工作经历的年轻行政人员接管了不盈利的手机分部，这个人就是乔纳·奥利拉。由于工作很有成效，很快他就被任命为诺基亚的总裁和首席执行官。

这之后，奥利拉对诺基亚进行了全面改造，除了全力发展最有潜力的核心领域外，奥利拉将大量的精力放在了公司的人力资源培训上。奥利拉说："今天公司的主要挑战是如何自我更新。我们必须依靠人力资源上的优势，而要保持人力资源上的优势，就必须不断充实自我，使每个诺基亚人都有发展自己的机会，有改善工作的机会。"奥利拉本人虽已获得三个硕士学位——政治学、经济学、机械工程，但他还是坚持以身作则地"学习、学习、再学习"。

奥利拉经常用这样一个故事来教育他的员工。在美国东部一所大学期终考试的最后一天，一群工程学高年级的学生将完成他们最后的测验，主考的教授说他们可以带书和笔记，但不能在测验的时候交头接耳。他们兴高采烈地冲进教室。教授把试卷分发下去。当学生们注意到只有五道评论类型的问题时，脸上的笑容更多了。

三个小时过去了，教授开始收试卷。学生们看起来不再那么自信了，他们的脸上出现了焦虑。没有一个人说话，教授手里拿着试卷，面对着整个班级。他俯视着眼前那一张张焦急的面孔，然后问道："完成五道题目的有多少人？"没有一只手举起来。

"完成四道题的有多少？"仍然没有人举手。

"三道题？两道题？"学生们开始有些不安，在座位上扭来扭去。

"一道题呢？当然有人完成一道题的。"但是整个教室仍然很沉默。

教授放下试卷："这正是我期望得到的结果。我只想给你们留下一个深刻的印象，即使你们已经完成了四年的工程学习，关于这门科目仍然有很多东西你

一个员工要做好自己的工作，并在飞速发展的技术更新和职业竞争中立于不败之地，他就要不断地自我充电，自我更新。

在职业生涯中，我们经常面临竞争的压力和被淘汰的危险，只有不断地强化自己，才能有一个安全并持续上升的未来。

们还不知道。这些你们不能回答的问题是与每天的普通生活实践相联系的。"然后他微笑着补充道，"你们都会通过这门课程，但是记住——即使你们现在已是大学毕业生了，你们的教育仍然还只是刚刚开始。"

没有任何借口

# 8. 你眼中的公司，和老板眼中的一样吗

作为员工，你眼中看到的公司和老板眼中的公司是否一样？

为什么有时老板已经交代好了任务，员工却没有按照他的意思去办？同样，在一些时候，你觉得自己为公司设计出了非常好的方案，老板却不予采纳，这其中又出了什么问题呢？其实这所有的一切，都可以用一句话说清楚，那就是在这些问题中，上下级之间对于集体、任务的看法出现了差别。如果要最大限度地填平这道鸿沟，就需要我们多站在对方的立场上去看问题，彼此切实体会，才能让集体的利益最大化。

英国间谍组织军情六处在世界重要城市都设立了据点，和其他间谍组织一样，领导者将一些据点伪装成了地方企业。安德烈·怀特毕业之后加盟了军情六处设立在温哥华的据点———一家报纸印刷厂。

应聘时，怀特以为自己是在和公司的面试官打交道，不久之后会做一名流水线上的工作人员。最后，面试官告诉怀特，这其实是英国情报机构在招兵买马。怀特对于间谍工作早已是心驰神往，他对银幕上那些身手不凡、花样百出的间谍非常着迷，于是怀特当时就在合同上签下了自己的名字。

"怀特先生，在加入本公司之前，你会接受一段时间的特训，然后再来这里报到。我需要提醒你的是，我们的首要任务是保持公司在本地的长远发展，在此基础之上再为国效力，你明白吗？"

对于这句话，怀特似乎没有很在意，一想到能够携带各种秘密武器，和各式各样的人打交道，他就兴奋不已。在特工训练营，怀特努力钻研谍报技巧，学会了各种伪装及逃生术。后来，怀特如约赶到了温哥华的报纸印刷厂，在那里做了一名小组长。

不幸的是，报纸印刷厂的生活很平淡，由于身份特殊，公司的规模也不大。公司里的人似乎整天都在和纸张、记者打交道，并没有什么特殊任务，这一点让怀特很是着急。一个月之后，怀特的机会终于来了，"老板"要他去和一名来自列治文市的特工接头，拿到对方手中的秘密情报。这是一项不是很要紧的任务，"老板"选择让怀特出马，一方面是由于这个年轻人确实是一棵好苗子，另一方面也是由于他已经向自己多次请战了。

"这是你第一次独立执行任务，大家也都很相信你的实力，对吗？"

怀特抑制不住心中的激动，他郑重地对"老板"说道："我会小心谨慎地找到指定地点带回资料，这不是一件困难的事情。"

"不要太冲动，拿不到资料也没有关系，安全是第一位的。"

"明白。"

临走之前，"老板"又对怀特说了一句："务必在 3 点钟之前赶回来，我们还有一批货要送，这个更重要。"

随后，怀特匆匆带上一些必备物品就朝着指定地点出发了。当他来到指定地点后，怎么也找不到那个藏有微缩胶片的"子弹头"。原来，按照计划，列治文市的特工会把资料制作成一张微缩胶片，装进空心子弹壳当中，然后再插到指定地点上去。接头的人来后，就可以直接将这枚弹壳拔出来带走。

这是自己第一次执行任务，怀特不甘心就这样空手而归，他考虑对方可能在路上遇到了一些麻烦，于是就找到附近的一家咖啡馆，坐在角落里静静地等候对方。两个小时过去了，怀特依然没有等到那个所谓的特工，眼看就要到 3 点了，他依然端坐在原处，根本没有要赶回去送货的意思。

就这样，一直到了傍晚时分，"老板"派出经验丰富的老特工沃伦·西瓦尔前来一探究竟，才将怀特接了回去。恰巧也就在此时，列治文市的特工急匆匆地赶了过来，将子弹头插在了指定地点，怀特也就顺利地完成了这一任务。

尽管怀特完成了任务，但是"老板"非常不满意，在他看来，怀特根本就没有了解自己应该去做什么。没过多久，怀特就被遣送回国了，那里的工作风险性要小很多，是一个新人磨炼自己的好去处。

从结果上看，怀特没有成功留在第一线，这说明他是失败的。但现在的问题是，既然怀特有能力完成间谍任务，看上去也很有做间谍的天赋，而且耐心又谨慎，像这样一个出色的员工，为什么会被老板弃用呢？

实际上，这是和他不能真正了解公司发展方向是密不可分的。在老板看来，在本地长期立足才是最主要的，做间谍只是一个相对隐秘的工作。而自从怀特第一次踏入报纸印刷厂之后，他就一刻不停地思考着如何做一名成功的间谍，这在老板看来是非常不利于经营的。为了能够给自己的团队提供一个安全可靠的环境，老板还要将公司本身的业务做得非常好，既然如此，将"3 点回去给老客户送货"抛之脑后的怀特得不到重用，也就可想而知了。

说到底，怀特的个人经历还印证了这样一个道理，作为员工，你眼中看到的公司和老板眼中的公司是否一样？怀特的老板想要赚钱，而怀特却一门心思

如果我们看起来非常有见地、非常合理的提案被否决了，其原因就在于，我们只是单纯地从一个员工的角度去看待问题，提出的意见对于老板来说是毫无意义的。

地想要做一个一流的情报人员，双方的问题就此产生。

在现实生活当中，我们也要注意这样一个问题，那就是作为员工，我们一定要多将自己摆到管理者的角度上去思考问题，如果自己看到的公司和老板心目当中的那个公司是一致的，那么得到提拔也就很容易了。更多的时候，由于认知事物的角度不同，很少有人能够将自己的观点和老板的认知完美结合。也就是说，很多我们自己看起来非常有见地、非常合理的提案都被否决了。其原因就在于，我们依然没有所谓的主人公精神，只是单纯地从一个员工的角度去看待问题，提出的意见对于老板来说根本是毫无意义的。假如怀特能够认识到这一点，那么他或许也就不会将做间谍的任务放到第一位，而是及早地赶回公司，为客户运送货物了。

没有任何借口

# 与企业共辉煌

# 1. 个人因团体而强大

作为企业的一分子，一个优秀的员工能自觉地找到自己在团体中的位置，能自觉地服从团体运作的需要，他把团体的成功看作发挥个人才能的目标，他不是一个自以为是、好出风头的孤胆英雄，而是一个充满合作激情，能够克制自我、与同事共创辉煌的人。因为他明白离开了团队，他将一事无成，而有了团队合作，他可以与别人一起创造奇迹。

世界上的植物当中，最雄伟的当属美国加州的红杉。它的高度大约为90米，相当于30层楼那么高。一般来讲，越是高大的植物，它的根应该扎得越深。但是，红杉的根只是浅浅地浮在地表而已。可是，根扎得不深的高大植物，是非常脆弱的，只要一阵大风，就能把它连根拔起，更何况红杉这么雄伟的植物呢？

可是红杉却生长得很好，这是为什么？

原来，红杉不是独立长在一处，红杉总是一片一片的生长，长成红杉林。大片红杉的根彼此紧密相连，一株连着一株。自然界中再大的飓风，也无法撼动几千株根部紧密相连、上千公顷的红杉林。

成功的生存，仅靠自己的力量是不够的，任何人的力量都是有限的，但当他依靠着一个团体时，他的力量会变得异常巨大。

有一个著名的希腊神话，讲了一位英雄安泰的故事，这个英雄力大无比，无人能敌，甚至连天神也惧他三分。为了战胜他，很多人绞尽了脑汁，但都不能奏效，直到后来有人发现了他的秘密，他才被打败。原来他的力量来自大地，一旦离开大地他就会失去力量，因此，有人趁他熟睡的时候将他举了起来，使他脱离大地，然后将他摔死。一个人如果脱离了团体，就像英雄脱离了大地，等待他的将是失败的命运。

在西点军校，学员们在有团队精神的集体里，可以实现个人无法独立实现的目标。他们看到在团体中每一个人都会变得更有力量，而不是变得微小或默默无闻。西点毕业生，西尔斯公司第三代管理者罗伯特·伍德说："再强大的士兵都无法战胜敌人的围剿，但我们联合起来就可以战胜一切困难，就像行军蚁（美洲的一种食人蚂蚁）一样把阻挡在眼前的一切障碍消灭掉。"

一滴水要想不干涸的唯一办法就是融入大海，一个员工要想生存的唯一选择就是融入企业，而要想在工作中快速成长，就必须依靠团队，依靠集体力量来提升自己。

微软公司在美国以特殊的团队精神著称，像Windows 2000这样产品的研发，微软公司有超过3000名开发工程师和测试人员参与，写出了5000万行代码。没有高度统一的团队精神，没有全部参与者的默契与分工合作，这项工程是根本不可能完成的。微软公司让数以百计的雇员成了百万富翁，可是，鲜为人知的是，他们中许多人在经济独立之后，却仍继续留在微软工作。在某些人看来（那种我若中了六合彩，首先就向老板辞职之人），这些百万富翁大概是发了神经。的确，大多数人认为，发财就等于取得了辞职的资格证书。

成功的生存，仅靠自己的力量是不够的，任何人的力量都是有限的，但当他依靠着一个团体时，他的力量会变得异常巨大。

如果你知道了微软公司的工作条件并非舒适安逸，对此也许你会更觉得不可思议。在这里，一周工作 60 个小时是常事。在主要产品推出的前几周，每周的工作时数还会过百。微软公司也并非以其高额津贴出名，相反，它以吝啬著称。据该公司的一位前任副总裁透露，多年以来，董事长比尔·盖茨因公出差时，总是自己开车去机场，而且坐的是二等舱。

　　那么，是什么神奇的吸引力，竟使这帮百万富翁（甚至包括亿万富翁）不是因为自己经济的需要而如此卖命地工作呢？答案只有一个，那就是，只有在微软公司，他们才可以如此强大。董事长比尔·盖茨是这样解释的：这种企业文化营造了一种氛围，在这种氛围中，开拓性思维不断涌现，员工的潜能得以充分发挥。微软公司所形成的氛围是，你不但拥有整个公司的全部资源，同时还拥有一个能使自己大显身手、发挥重要作用的小而精的班级或部门。每一个人都有自己的主见，而能使这些主见变成现实的则是微软这个团体。

　　某年美国职业篮球联赛开始之初，洛杉矶湖人队士气不高。原因是他们在前一年输给了凯尔特人队，失去了王座。这时候，教练派特·雷利告诉大家，只要 12 个队员每个人在球技上能提高 1%，那么，整个球队就能提高 12%。结果，由于大家从这 1% 的要求中看到了希望，所以训练热情很高，大部分队员提高不止 5%，有的甚至达到 50%。湖人队因此轻而易举地夺得总冠军。每个队员正是因为有了这样一个团体，才实现了冠军的梦想。

　　一个由相互联系、相互制约的若干部分组成的协作整体，经过优化设计后，整体功能能够大于部分之和，产生 1＋1>2 的效果，这已成了人们的共识，因此，它不仅被很多企业的管理者所重视，也被每一个优秀的员工所认同。作为企业的一分子，一个优秀的员工能自觉地找到自己在团体中的位置，能自觉地服从团体运作的需要，他把团体的成功看作发挥个人才能的目标，他不是一个自以为是、好出风头的孤胆英雄，而是一个充满合作激情，能够克制自我、与同事共创辉煌的人。因为他明白离开了团队，他将一事无成，而有了团队合作，他可以与别人一起创造奇迹。

一滴水要想不干涸的唯一办法就是融入大海，一个员工要想生存的唯一选择就是融入企业，而要想在工作中快速成长，就必须依靠团队，依靠集体力量来提升自己。

# 2. 团队合作的奇迹：1+1 = 3

1+1=3，这是团结合作的奇迹。据统计，诺贝尔获奖项目中，协作获奖的占2/3以上。在诺贝尔奖设立的前25年，合作奖占41%，而现在跃居80%。团结合作的力量如此之大，常常会产生让人不可思议的效果。

每年秋天，大雁都会从寒冷的北半球飞往温暖的南半球，其飞越的路程竟有2万多千米。在秋天，其他的候鸟也像大雁一样南飞，但只有大雁能成功地飞越千山万水。为什么会这样呢？事实上，每一只单个的大雁是飞不到南半球的。与其他候鸟相比，大雁的生理条件远远不如。可是它们是怎样到达目的地的呢？原来大雁们是通过集体行动来实现的。大雁在天空飞翔时，处在领头位置的大雁会承担很大的气流阻力，后面位置的大雁按照"人"字形排列，可以形成局部真空，大大减少气流的阻力，节省体力。科学家发现，大雁以这种形式飞行，要比单独飞行多出12%的距离。过一段时间后，领头大雁会排到后面，由另一只大雁接替它带头领飞。这样，大雁们通过交替领飞来节省体力，共同飞向目的地。在晚间休息的时候，大雁们则轮流放哨，维护大家的安全。原来大雁是通过团队精神来克服自然界的困难的。

1+1=3，这是团结合作的奇迹。据统计，诺贝尔获奖项目中，协作获奖的占2/3以上。在诺贝尔奖设立的前25年，合作奖占41%，而现在跃居80%。团结合作的力量如此之大，常常会产生让人不可

没有任何借口

思议的效果。

约翰·休斯顿导演了一部著名的电影叫《胜利大逃亡》，它讲的是一个真实的故事。之所以叫"大逃亡"，是因为这次行动涉及的范围之广、难度之大，在常人看来几乎是难以想象的。

柏林东南 100 英里（约 160 千米）处有一座纳粹德国的第三战俘营，这里曾囚禁过一万多名同盟国战俘。1944 年，这里成了组织战俘越狱逃跑的中心，组织者计划帮助 250 多名战俘在一个晚上越狱。这是一项要求战俘们进行最大限度合作的行动，称得上是一次前所未有的惊心动魄的大逃亡。

把战俘从德国战俘营中营救出去是一件非常复杂的事。地道是逃跑的必要途径，而挖地道和隐藏地道则极为困难。战俘们一起设计地道，动工挖土，拆下床板木条支撑地道。处理新鲜泥土的方式更令人惊叹，他们用自制的风箱给地道通风吹干泥土。制作了在坑道里运土的轨道和手推车，在狭窄的坑道里铺上了照明电线。所需的工具和材料之多令人难以置信，4000 张床板、1370 根压条、1699 个篮子、52 张长桌子、1219 把刀、30 把铁锹、600 英尺（约 182 米）绳子、1000 英尺（约 305 米）电线，还有许多其他的东西。单单是寻找或偷窃这些材料，就够忙的了。

挖地道只是整个逃跑计划中的一部分。而每个要逃跑的人还需要一整套装备：百姓衣服、德国通行证和身份证、地图、自制罗盘、一点口粮和其他一些用品，这也颇费心血。一些战俘不断弄来任何可能有用的东西，其他人则有步骤、坚持不懈地贿赂甚至讹诈看守。

每人都有各自的分工。做裁缝，做铁匠，当扒

据统计，诺贝尔获奖项目中，协作获奖的占 2/3 以上。在诺贝尔奖设立的前 25 年，合作奖占 41%，而现在跃居 80%。团结合作的力量如此之大，常常会产生让人不可思议的效果。

一个由相互联系、相互制约的若干部分组成的协作整体，经过优化设计后，整体功能能够大于部分之和，产生 1 + 1>2 的效果。

手，伪造证件，他们月复一月地秘密工作，甚至组织了一些掩护队，转移德国哨兵的注意力。

最具挑战性的也许是负责"安全"的那些人。德国人雇用了许多秘密看守，混入战俘营，专门防止越狱，被称作探子。"安全队"监视每个秘密看守，记录他们的一举一动。一有看守接近，就悄悄地发信号给其他战俘、岗哨和工程队员。

1944年3月24日的晚上，经过一年多的劳动，220名战俘做好了越狱准备，他们打算先爬过地道，然后钻进战俘营外面的树林，每分钟送出一人，直到全部逃出。会说德语的人可以装成外籍劳工，混上火车，其他人则昼伏夜行，以逃避德国巡逻队。

当第一个人爬出地道时，发现出口离树林还有一段距离。这样原先一分钟一个人的计划就无法实施了，每小时只能出去十几个人。结果，只有86人逃了出去，地道被发现了，并引起极大震动，纳粹当局下令全国大搜捕，抓住了83名逃亡者，希特勒下令处决了41人。实际上，仅有3人逃跑成功。约翰·休斯顿在评论这次大逃亡时说："这次逃亡需要600多人完完全全地投入，每个人竭尽全力，每分、每时、日日夜夜连续作战，时间长达一年多。人的能量从来没有被发掘到如此淋漓尽致的地步，这种合作的决心与勇气令人震撼。"

没有任何借口

# 3. 内在荣誉感是最强大的动力

大家都承认，西点学员奋发努力的巨大内在动力来自责任与荣誉的召唤。然而，许多人并没有意识到：驱使我们每一个人追求卓越的动力也并非源于金钱的诱惑，以及以它为等价物所能兑换到的物质享受。我们追求卓越的动力同样来自从心底里油然而生的荣誉感，与金钱毫无干系。这种荣誉感属于创一番事业的雄心壮志，而非自惠自利的个人行为，它必将有效地激发人们追求卓越的热情，而金钱和职位晋升的诱惑在这方面却显得软弱无力。

大家都承认，西点学员奋发努力的巨大内在动力来自责任与荣誉的召唤。然而，许多人并没有意识到：驱使我们每一个人追求卓越的动力也并非源于金钱的诱惑，以及以它为等价物所能兑换到的物质享受。其实，这是一个极大的误解。面对微软公司那些不同背景的员工所爆发出的奋发上进的饱满热情，我们曾对其各部门的数名业务骨干进行了一次问卷调查：是什么使得你及同事甘愿为工作付出更大的努力？为什么才学、秉性大相径庭的员工会乐于互相协助，共同致力于完成互不相同的产品研发项目？对于不同项目、计划实施的过程中，人员配备上的高度流动性，他们为何乐于接受？

问题的答案并未提及诸如年薪、奖金以及股权这类东西，员工也对头衔、职位和其他种种形式的物质财富闭口不谈。但是从他们的话语中，你却能感受到他们那种难以掩饰的自豪之情：所生产的产品、所参与的研发项目、一起共事的才华横溢的同事，还有微软的致世宣言"我们正在改变着世界"。就像微软的一些员工所说的那样："我们所生产的产品应当能够得到每个人的青睐——注意我说的是每一个人。有1亿多人使用的正是我们生产的办公自动化软件。有时，有人会在闲聊中突然打断我，问道：'原来您就是生产那种产品的人啊！'刹那间，我就被内心涌起的自豪感淹没了。"

另一个人这时等不及忙插进话来说："我在和顾客讨论产品的营销事宜时，我们那组的3个人对我说：'谢谢！多亏了你，我的生活才变得简单轻松多了。'当时我内心的感觉真是太好了，因为我的工作得到了顾客的认可和夸赞。"

他们为能参加某一项目自豪："参与了上一次项目的员工，对从事这项应用技术的研发都显得无比激动和兴奋。至于其本身在公司里所处的地位以及职称，个个都毫不放在心上——他们就是想把这个技术弄出个究竟来。一旦哪个顾客就某个问题向我们求援，我们就又会聚拢到一起，协同作战，攻克难关。"

他们还为共事的人骄傲："我的确认为人才乃是重中之重。世界上最出色的技术人才都云集于此，更值得拍手称快的是：这里的每一个人都有机会从这个丰富的人才宝库中汲取营养！我可以借助电子邮件向公司里的任何一个人发出求援信号，征询如何制造出让顾客肯掏腰包购买的产品的新奇创意。当我不知道该向谁求援的时候，我就直接给比尔·盖茨发一个电子邮件，他就会把我的问题转发到适当的人手中。这真是太棒了！"

"在这里你嗅不到丝毫的铜臭味。有300多位百万富翁常常窝在办公室里，苦熬到深夜，甚至连周末都舍不得休息。难道他们是为了钱吗？这背后其实蕴涵着他们对所开创事业的无限自豪感。"

没有任何借口

从这些谈话中，不难看到激励着微软员工奋发上进的动力的本源所在，那就是巨大的荣誉感。这种荣誉感都是从心底里油然而生的，与金钱毫无干系。更为重要的是：这种荣誉感属于创一番事业的雄心壮志，而非自惠自利的个人行为，它必将有效地激发人们追求卓越的热情，而金钱和职位晋升的诱惑在这方面却显得软弱无力。

　　人们对在所擅长的工作中取得的成绩都会感到由衷的自豪。如果你是一位专门设计女性服装的设计师，对于产品兑换的金钱以及随之而来的物质财富，你会有些得意。而在产品设计上的超凡脱俗并能赢得一向较为挑剔的买主的认可，才是一件更为值得自豪的事情。加利福尼亚的戴维斯电缆制造公司是一家从事电线和光缆产品制造业的主导公司。员工在带领来访者参观其下属厂区的时候，都会情不自禁地在一台制造镀锌铁丝网的机器前停留片刻，一边还用流露着自豪之情的语气，饶有兴趣地介绍该机器复杂的运行机理，称赞它生产出的那些产品具有着多么优良的品质。

　　另外，许多手艺人和工匠面对着自己亲手制造的产品，也同样会感到无比自豪。这些产品有可能是价值连城的稀世珍品（如伟大的艺术品），也有可能非常普通，例如，编织一条地毯或者修理一架飞机的引擎。蒂姆是美国南卡罗莱纳州一家公司的一名修理匠。老板一提起在他们手下干过的蒂姆，都不禁称赞他有一双"能修理好一切"的巧手。无论是安装一扇新门，修整一阶腐旧的楼梯，还是嵌入一座价值不菲的仿古壁炉，蒂姆对所接手的任何工作都能全情投入，并为自己的杰作感到无比自豪。他无疑是当地最受欢

　　人们对在所擅长的工作中取得的成绩都会感到由衷的自豪。

　　除了为自己的工作成绩感到自豪和骄傲，一种更深沉地渗透你身心的自豪感是对你所从事工作的一整套价值体系、标准、职业道德的高度情感认同。

迎的工匠了。

除了为自己的工作成绩感到自豪和骄傲，一种更深沉地渗透你身心的自豪感是对你所从事工作的一整套价值体系、标准、职业道德的高度情感认同。比如万豪公司的服务员就对自己整理床铺和打扫房间的技能感到由衷的自豪，对自己用拖把擦拭地面、清洗门窗或者所掌握的其他一些看似平常无奇的工作技能，都能感到自豪。所有的工作都有精通之道，最好的员工对能掌握那些技能而感到自豪。

当你发现让员工引以为豪的产品价值却十分低廉的时候，你是否也会感到些许的诧异呢？他们总是对"做值得的事情"感到自豪。例如科恩·桑德自创了一套名为"科恩12指标"的服务体系，这种涵盖了12项服务要素的体系已经被其所属的各分销公司奉为要旨。肯德基在推广家家都买得起的炸鸡套餐时，就视"科恩12指标"为恰当开展这项业务的指导方针。肯德基内部员工对这个12项服务清单都了如指掌。自然而然地，肯德基全公司上下都在应用和维护这12个服务项目的过程中，感觉到自豪感在内心的澎湃激荡。再重申一遍，金钱在肯德基的这个成功模式中仍未有立锥之地。员工即使只是获得了公司总裁授予的"橡胶炸鸡"的奖励，但是在他们从总裁手中接过奖项时，脸上所洋溢的自豪之情仍丝毫不亚于他们收到年终奖金时的自豪之情。这个奖项是由时任公司首席执行官的戴维·诺瓦克设立的，用以表彰那些为实践肯德基的价值理念做出卓越贡献的个人。这个"橡胶炸鸡"的价值可能还不到10美元，但是得到它的员工会无比自豪地将其端正地放置在工作台或办公桌上，一放就是好几年。

杰出的企业会有意识地培养员工内在的荣誉感，伯尼·马库斯在家居用品公司曾亲口对员工说，"你就是你那一排货架的总裁"，意思是你在所思所想、所作所为上，都假定自己就是那个拥有货架上待售产品的老板，在货架旁徘徊四顾的顾客最后是兴高采烈地如获至宝，还是惆怅满怀地失望而归，就全要看你的本事了。你的梦想是为所销售的产品感到自豪，为所能招揽到的顾客感到自豪，以及能为顾客做出奉献的满足感而感到自豪。如果你货架上的产品相对于街对面那家竞争对手货架上的产品而言，在质量或外观上都稍逊一筹，那么你就得打起精神采取措施了，要么改头换面，另辟蹊径地再开辟一种新产品市场，要么提供一种不同水准的服务，要么锁定不同消费群体的目光。

总的来说，在我们的职业生涯中，内在荣誉感的来源大致包括：我们所生产的产品，以及它对他人的意义；我们获取工作头衔、地位所凭借的技能；他人之所以敬重我们并不是因为我们赚了多少钱，而是因为我们所从事的工作；我们为之效力的公司或工作团队历经岁月考验积淀而成的声誉；被我们所从事的工作吸引而来的人（顾客、同事或者代理人）；他人的成功可以正当地追溯到我们所给予的支持或赞助。由此而来的自豪感会让我们体验到自利主义所无法给予的满足和动力。

为荣誉而工作，在工作过程中，我们体验着自己的力量、智慧、意志与能力。

为我们的工作而自豪，因为我们承担了责任，因为我们做了有意义的事情，因为我们创造了完美的产品……

# 4. 为荣誉而工作

　　法国塞尔电讯公司的总裁 R.巴特对他的人事部部长说：“一个员工是否优秀，在他进公司的时候是很难看出来的，只有当他打算离开公司的时候你才能发现。你一定要特别注意那些准备离开公司还能负责、尽职的人，了解他们的情况，尽量解决他们的困难，以便将他们留下来，因为，他们是在为荣誉而工作，这样的人才是无条件为公司负责的人。”

　　两个多世纪前的一天，新英格兰发生了一次日食现象，天空变得非常黑暗，许多人以为末日审判来临了。康涅狄格州议会正在召开会议，当黑暗来临时，一名议员提议休会，这时，一位来自斯坦福大卫港的老清教徒立法议员站起来说道，即使世界末日真的到来，他仍将坚守岗位，并且履行自己的责任。在这一责任的驱使下，他宁愿举着蜡烛在房间里四处走动，以便会议能尽可能地进行下去。履行职责、坚守岗位，这位智者在为自己的荣誉而坚守。

　　军人视荣誉为生命，为荣誉而拼搏、战斗，并由此焕发出高昂的斗志与热情。作为一名员工，当你不再仅仅为金钱，也为荣誉而工作时，其内心的感受和你的行为都会产生巨大的变化。

　　为荣誉而工作，在工作过程中，我们体验着自己的力量、智慧、意志与能力。为我们的工作而自豪，因为我们承担了责任，因为我们做了有意义的事情，因为我们创造了完美的产品……只要它们在

没有任何借口

我们的眼里是独一无二的美好工作，我们就会为之感到自豪；开展工作时，我们尽心尽力，事无巨细，面面俱到，处处洋溢着满腔热情，体现着诚信的素养以及对他人无微不至的关怀，此时，我们也会为自己的工作方式感到自豪，这种自豪感将持续不断地激励着我们超越自我，屡创佳绩。我们不再将工作仅仅看作一种谋生的工具，看作被动无奈地从事某种职业，挣一点辛苦钱，我们将满怀激情地过一种负责、尽职的生活，在自己的工作中找到乐趣与幸福。

平常我们更多的是将工作看作谋生的手段，而忘了工作就是我们的生活，因此我们总是将职业与我们的生活分开，与我们的喜怒哀乐分开，我们不善于在工作中去体会自己的生命滋味，从而使本来是生活之一部分的工作成了生活的负担。其实，无论是为了谋生还是为了实现自己的人生目标，人都需要一份工作。事实上，工作既是我们谋生所必须的手段，也是我们实现自己的理想并进入生活的一种方式，为荣誉而工作，是我们精神世界的最高境界。当我们达到这一境界时，我们每天上班就不会感到只是为老板打工而无精打采，而会感到在过一种自己选择的生活而情绪饱满；我们做一个产品就不会感到这与我无关而敷衍了事，而会感到将一个产品做得最好是我们的责任、智慧、才能和毅力的见证，从而全心全意地投入。

也许，有人会说，如果我有一个好的工作，我当然会有自豪感，会为荣誉而工作，可我现在的工作很糟糕，工作环境很差，我当然只能得过且过，敷衍塞责，没精打采。

那么，我要告诉你，你如果不喜欢某个职业，你可以另外选择，但在你离开这个工作岗位之前，你对

出色的工作就是高贵的荣衔。

一个认真而又诚实的工匠不论做哪一门手艺，只要他尽心尽力，忠于职守，为荣誉而工作，那么，他的高贵品质不亚于一个著名的艺术家。

这个工作负有责任，因为，任何一个工作岗位都有自己的责任要求，你当初选择这个工作，就表示你认同了它提出的责任，也就是说你对自己的选择做出了承诺，人必须信守自己的诺言。

有人曾告诉我这样一个故事，它说明无论你做什么工作，都可以享受为荣誉而工作的美好境界。

一个上了年纪的补鞋匠，铺子开在巴黎古老的玛黑区。一天我拿鞋子去请他修补，他先是对我说："我没空。拿去给大街上的那个家伙吧，他会立刻替你修好。"

可是，我早就看中他的铺子了。只要看他工作台上放满了的皮块和工具，我就知道他是个巧手的工匠。"不成，"我回答说，"那个家伙一定会把我的鞋子弄坏。"

"那个家伙"其实是那种替人即时钉鞋跟和配钥匙的人，他们根本不大懂得修补鞋子或配钥匙。他们工作马虎，替你缝一回便鞋的带子后，你倒不如把鞋子干脆丢掉。

那鞋匠见我坚持不让，于是笑了起来。他把双手放在蓝布围裙上擦了擦，看了看我的鞋子，然后叫我用粉笔在一只鞋底上写下自己的名字，说道："一个星期后来取。"

我将要转身离去时，他从架子上拿下一只极好的软皮靴子。他很得意地说："看到我的本领了吗？连我在内，整个巴黎只有三个人能有这种手艺。"

我出了店门，走上大街，觉得好像走进了一个簇新的世界。那个老工匠仿佛是中古传说中的人物——他说话不拘礼节，戴着一顶形状古怪、满是灰尘的毡帽，奇特的口音不知来自何处，而最特别的，是他对自己的技艺深感自豪。

一个补鞋匠对自己一件做得很好的工作感到自豪，因为他不仅仅是在为钱工作。出色的工作就是高贵的荣衔。一个认真而又诚实的工匠不论做哪一门手艺，只要他尽心尽力，忠于职守，为荣誉而工作，那么，他的高贵品质不亚于一个著名的艺术家。

# 5. 小我服从大我

在西点军校，有一个根深蒂固的理念："不会服从，就不会领导；没有服从的激情，就没有命令的威严。"因此，西点军校将学会服从和培养服从作为训练合格军官的第一步。

服从不仅是基层员工的天职，也是中层管理者的天职，甚至是董事长的天职。因为不论在任何机构，领导者的权力都有一定的限度。领导者的地位再高，也必须向另一个更高的权威负责。美国参谋长联席会议主席必须向三军总司令，也就是向美国总统负责，而总统又必须向国会及全体国民负责。即使是跨国企业的总裁，仍然得向董事会、股东和消费者负责。

当需要你发表意见的时，你要坦而言之，尽量陈述你的理由。而一旦上司决定了什么，你就要坚决服从，努力执行。因为，军队是一个上下贯通的命令系统，任何一个环节出现违抗命令和执行命令的迟疑都可能酿成不堪设想的后果。

——艾森豪威尔

西点军校的光荣——艾森豪威尔将军曾对他的部下说："当需要你发表意见的时候，你要坦而言之，尽量陈述你的理由。而一旦上司决定了什么，你就要坚决服从，努力执行，这时候需要的是激情和行动，而不是冷静和聪明。因为，军队是一个上下贯通的命令系统，任何一个环节出现违抗命令和执行命令的迟疑都可能酿成不堪设想的后果。"

其实，企业也是一个命令系统。在一个企业中，若下属不能无条件地服从上司的命令，在达成共同目标和实现目标的过程中就会出现障碍，反之，如果命令系统的运转正常，此企业必会胜人一筹。西点毕业生劳恩钢铁公司总裁卡尔·劳恩说："军人要做的第一件事情就是学会服从，整体的巨大力量来自个体的服从精神。在公司中，我们更需要这种服从精神，上层的意识通过下属的服从很快会变成一股强大的执行力。"

在西点军校，有一个根深蒂固的理念："不会服从，就不会领导；没有服从的激情，就没有命令的威严。"因此，西点军校将学会服从和培养服从的激情作为训练合格军官的第一步。学员们在这个理念下学习如何自我培养领导能力，超越一己的抱负和野心，追求众人的共同理想。正是这些超越个人的奉献，才能够使一个领导人看清各种不同的现象，看清他可能达到的成就。

军方和企业界的领导，只是头衔、纪律程度有别，本质并无不同。军中注重服从，不仅要服从长官的命令，个人的愿望和目标往往也必须有所牺牲。大我的利益——不论是自己所属的一排、一连，或是整个国家，这些"大我"都比个人的"小我"重要。在生死攸关的时候，战场上的士兵自然会学会把每一件事都认真做好，表现高度的服从、诚实、专注，持久的忠诚和自我牺牲。就像一排士兵突然遭遇敌人的炮火一样，今天的企业也会面临瞬息万变的危机，因此，"小我服从大我"的精神显得尤其重要。

服从不仅是基层员工的天职，也是中层管理者的天职，甚至是董事长的天职。因为不论在任何机构，领导者的权力都有一定的限度。领导者的地位再高，也必须向另一个更高的权威负责。美国参谋长联席会议主席必须向三军总司令，也就是向美国总统负责，而总统又必须向国会及全体国民负责。即使是跨国企业的总裁，仍然得向董事会、股东和消费者负责。

企业和军队一样，它是一个层级分明的权力体系，企业意志的贯彻主要是通过庞大的层级领导网络来贯彻的。值得注意的是，企业意志不等于任何个人意志，因此，一个健全的现代企业没有独裁，就像一个现代民主国家没有专制君主一样。著名的蓝顿公司总裁 L.哈曼常常对他的部下说："你们不要把我看作公司的绝对权威，公司的绝对权威不是我，而是公司本身。公司的利益是最高的命令，我必须无条件服从公司的命令，如果我有什么权威，那也是服从公司命令的结果，我只是代表公司的利益说话。"

的确，在贯彻公司的意志，追求公司目标的时候，任何一个公司的成员，从一般员工到公司总裁都必须服从这个最高的意志和目标，而这个最高意志和目标的实施则要靠层级权力的有效贯彻，也就是说，只有当每一级领导都意识到自己应该服从哪一级领导的命令，都明白自己的权力只是贯彻上级意图的工具而不能随心所欲地滥用时，企业整体的权力系统才能高效率地运行。就此而言，服从权力的权力才是企业领导应有的权力。意识到这一点，一个企业的领导，无论职位的高低，就会有一种服从的激情，这种激情会像空气一样弥漫在他所领导的部门之中。

一位人力资源部经理，在给员工进行培训时讲了他的一次亲身经历。他对公司员工说，他一辈子都不能忘记这次经历，而且他要组织公司的员工也接受这样的一次训练。他想让员工知道，什么是"小我服从大我"。

这是一次野外拓展的训练。

一群陌生的人组成一个团队。我们需要完成四项任务，每一项任务都需要集体来完成。如果有一个人没有完成，那么输掉的将是整个团队。

每一项任务都极为艰难。不过还好，我们这支叫作"狂飙"的队伍已经完成了三项，只剩下最后一项任务了——"一线生机"。任务要求队员必须爬到 10 米高

军人的第一件事情就是学会服从，整体的巨大力量来自个体的服从精神。在公司中，我们更需要这种服从精神，上层的意识通过下属的服从很快会变成一股强大的执行力。

——美国劳恩钢铁公司
前总裁
卡尔·劳恩

的一根立柱上，然后站到立柱顶端的一个圆盘上，接着向斜前方纵身一跃，凌空抓住距离自己 1.2 米远的一根横木。据这里的管理人员说，有很多人在圆盘上不敢站起来，甚至都吓哭了，更别说完成任务。没有一个队员有足够的把握完成任务，很多人甚至连勇气都不足。但是必须完成，否则所有的努力都将前功尽弃。

总会有一个人敢吃螃蟹，在其他队员近乎喊破嗓子的呐喊加油声中，这个敢吃螃蟹的人成功了。大家相互鼓励，一个接一个都完成了任务。轮到最后一位了，一个娇小的女生。当她刚刚爬上立柱的时候，我们就看到她的腿在发抖，而且越抖越厉害。我知道，其实很多人都知道，我们肯定要输了。但大家还是给了她最坚决、最热烈也最振奋人心的支持、鼓励和指导，因为那个时候输赢已经不重要了，大家就是觉得不能让她一个人落下。这是我们的责任，她是我们的队员，我们有责任带她一起走。

当我们的心已经提到嗓子眼儿的时候，她已经蹲在圆盘上了。看得出，能够站起来对她来讲都是极为艰难的事情。大家还在拼命加油，虽然大家都知道，对于站在 10 米高地方的她而言，我们的声音已经很微小了，她甚至根本听不清我们在说什么，但我们能做的只有这些了，而且我们必须把能做的做好，这是责任。

她真的站了起来。我们知道，一个人站在上面真的很困难，无依无靠，甚至有些孤独，尽管是一刹那间的。所有人都屏住了呼吸。

好像是在等了好久之后，她纵身一跃。我们都闭上了眼睛。我觉得那一刻，我比她更紧张。

她成功了。之后是雷鸣般的掌声，我还记得当时我的手都拍疼了。不光是因为胜利，最主要的是完成了任务。我们的任务，还有她的任务。我们没有丢下她，她也没让我们失望。

后来，这个女生对我们说她有轻度的恐高症，"但是，我不能放弃，我的放弃会使整个集体输掉。"她的话像锤子一样重重地砸在了我们的心里，我们知道，那是服从的力量。服从来自对集体的珍惜和热爱，来自对集体每个成员的负责，来自对自我的一种认定，来

没有任何借口

自生命对自身不断超越的渴求。

我们赢得了最后的胜利，而且只有我们一支队伍完成了任务，也是迄今为止第一支完成任务的队伍。我们被授予了勇士勋章。勋章上写着：责任即荣誉。

一个企业、一个政府以及人类社会的大多数组织活动不但是由单个的人参与的，更是由一定的团体集体行动完成的。
——英特尔公司 CEO
安德鲁·格罗夫

放弃协作，就等于自动向竞争对手认输。
——戴尔·卡耐基

松下不能缺少的精神就是协作，协作使松下成为一个有战斗力的团队。
——松下幸之助

# 6. 学会相互协作

　　我们强调团队意识和团队精神，其实质就在于强调一种互助协作的精神，每一个人都应该充分地意识到自己是团队中的一分子，自己有责任为了整个团队的利益而互相合作、相互支持，因为团队的胜利也是每一位成员的胜利。

　　正如卡耐基所说："放弃协作，就等于自动向竞争对手认输。"

　　团队的所有工作成效最终会得到检验，这就是相互协作的程度和质量。要具备团队精神，首先需要学会相互协作。

　　当年拿破仑带领法国军队所向披靡。但在进攻马木留克的时候，遭到了顽强的抵抗。马木留克兵高大威猛，一个法国士兵根本就打不过一个马木留克兵。军队的前进遭到了顽强的抵挡。

　　后来，法国人发现，两个法国士兵竟然可以打过两个马木留克兵，一群法国兵可以打过一群马木留克兵。所以，法国士兵避免和他们单个人进行战斗，靠着互相协作，最终击败了马木留克兵。

　　原来，马木留克兵虽然强悍无比，但他们不重视合作，自己打自己的，同伴遇到了危险，也不去接应，而法国士兵却视合作为生命，最终获得了胜利。

　　协作产生的力量不是简单的加法，协作产生的合力要大于每一个人力量的总和。

其实，人的合作并不是天然形成的，人的天性中有各自为政的倾向，因此，协作精神也需要培养。西点军校的巴克纳野战营有一个活动，就是把学生分成35人左右的小组，大约是一个排的规模，让各组在几个小时之内完成搭建组合桥的任务。显然，要完成这项任务必须依靠团队合作，这种活动组合桥，每一块桥面和梁柱都有几百千克重，光是抬起一块桥面，就需要一群人的力量。在战场上，搭建这类组合桥多半都有具体、迫切的任务，或是恢复重要物资的运输，或是逃避敌人的追击，或是追击歼灭敌人，这些任务总会产生迫切感。因此，这种训练也总是建立在一种假设的生死攸关的情况下进行，任务非常紧急艰巨。各组还要互相竞争，看哪一队先把桥搭好。在这样的训练中，学员们必须团结一心，通力合作，合理分工，配合默契，才有可能完成任务，取得胜利。

随着现代社会分工的日益精细，要想获取成功，相互协作更显得尤为重要。

英特尔公司总裁兼首席行政官安德鲁·格罗夫说："一个企业、一个政府以及人类社会的大多数组织活动不但是由单个的人参与的，更是由一定的团体集体行动完成的。"

松下幸之助说："松下不能缺少的精神就是协作，协作使松下成为一个有战斗力的团队。"

卡耐基说："放弃协作，就等于自动向竞争对手认输。"

朗讯 CEO 鲁索说："协作对于今天的企业而言，就是生命。没有协作精神的员工会对企业极不负责任。"

协作才能发展，协作才能胜利，这是今天很多企业领导者的共识。缺乏协作精神的企业不可能获得发协作才能发展，协作才能胜利。

缺乏协作精神的企业不可能获得发展，这就像几匹马拉一辆车行驶一样，当所有的马朝着一个方向，步调协调地奔跑时，这辆车才能有速度。如果几匹马朝着不同的方向前进，这辆车根本就不会前进，如果步调不一致，还会导致马倒车翻。

展，这就像几匹马拉一辆车行驶一样，当所有的马朝着一个方向，步调协调地奔跑时，这辆车才能有速度。如果几匹马朝着不同的方向前进，这辆车根本就不会前进，如果步调不一致，还会导致马倒车翻。

近年来，企业都非常重视员工相互协作精神的培养，十分盛行的拓展训练，主要就是通过体验式训练和模拟场景训练来提升团队合作精神，其中有一个项目十分经典，叫盲阵。在一块空地上，将一队人（人可多可少，越多越难）蒙上眼睛，交给他们一根长绳子，要他们在规定时间内把绳子拉成一个正方形。起初大家往往会乱成一团糟，各有各的主张，自由走动，你推我撞，你叫我喊，乱成一片，经过漫长而无谓的争吵大家才能渐渐开始明白：必须确立一名优秀者为领袖，还要有智者为助手，统一意志、统一目标、统一行动，大家都能自觉地做到令行禁止，各负其责，才能完成这个简单的游戏。看似简单，做好却不容易，这里就有一个团队的组建、合作到完成任务的过程。

团结协作才能取得胜利，各自为政终是一盘散沙，不会成就任何事业。对于一个组织而言，如果组织中的成员只考虑自己的工作，而不去注意别人，很可能因协调不善而出现问题，特别是对于流水线生产，每一个环节的员工都是彼此联系在一起的，彼此之间必须有着高度的协作精神，这样才能生产出高质量的产品。如果一个环节出现了问题，就有可能导致整个流水线出现问题。对于一个企业而言，这样的损失可是巨大的。一个有协作精神的员工，才能真正承担起自己的工作责任，也才能真正做好工作。

我们强调团队意识和团队精神，其实质就在于强调一种互助协作的精神，每一个人都应该充分地意识到自己是团队中的一分子，自己有责任为了整个团队的利益而互相合作、相互支持，因为团队的胜利也是每一位成员的胜利。

是否善于相互协作，往往决定着事情的成败，有一个非常生动的例子：一次，两个著名企业的运动队进行攀岩比赛。甲队强调的是

没有任何借口

齐心协力，注意安全，共同完成任务。乙队在一旁，没有做太多的士气鼓动，而是一直在合计着什么。比赛开始了，甲队在全过程中有几处碰到险情，尽管大家齐心协力，排除险情，完成了任务，但因时间拉长最后输给了乙队。那么乙队在比赛前合计着什么呢？原来他们把队员个人的优势和劣势进行了精心的组合：第一个是动作敏捷的小个子队员，第二个是一位高个子队员，女士和身材高大的队员放在中间，最后的当然是具有独立攀岩实力的队员。于是，他们几乎没有险情地迅速完成了任务。

可见团队的一大特色就是，团队成员在才能、能力上一定是互补的。共同完成目标任务的保证就在于发挥每个人的特长，并注重流程，使之产生协同效应。团队的根本功能或作用在于提高组织整体的表现，发扬团队精神的目的在于提高团队的工作业绩，使团队的工作业绩超过成员个人的业绩，使团队业绩由各部分组成而又大于各部分之和。明确成员各自的岗位，强化个人的工作标准，帮助每一个成员更好地实现目标，就是为了达到上述目的。于是，团队的所有工作成效最终会在一个点上得到检验，这就是协作精神。

协作永远是使自己受益也让别人受益，而只顾自己的人不会让别人受益自己也不会受益。只有懂得协作的人，才能明白协作对自己、别人乃至整个团队的意义。一个放弃协作的人，也会被成功所放弃。

协作也是我们必须承担的一种责任，员工之间只有充分认识到这一点，才会在彼此的协作中感受到自己对于别人的价值以及别人对于自己的意义。

当然，为了保证团队的利益能够充分实现，协作

为了团队的利益，为了目标的最终实现，作为一名合格的员工，必须学会与人相互协作。这也将使你变得强大，并融入团队而从团队中获益。

有时也需要某个人做出一些牺牲，即使在这个游戏里也存在出力不等的情况，但团队的胜利不也是个人的胜利吗？并且能为整个团队的成功付出比别人更多的心血，最终赢得的必将是无上的荣光！

为了团队的利益，为了目标的最终实现，作为一名合格的员工，必须学会与人相互协作。这也将使你变得强大，并融入团队而从团队中获益。

没有任何借口

# 7. 与公司共命运

明白"一荣俱荣，一损俱损"道理的人，往往会以公司为家，与公司共命运。

现在的不少年轻人，好像一夜之间就将许多传统美德丢失得一干二净，他们总是抱怨、猜疑、争斗，认为"公司不是我的家"。但事实会奖赏那些与公司共命运的人，因为在他们的身上，体现出一种积极进取的精神，一种合作分享的激情。

从前，在一个森林公园里，养着一只两头鸟，名叫"共命"。这鸟的两个头"相依为命"。遇事向来两个"头"都会讨论一番，才会采取一致的行动，比如到哪里去找食物，在哪儿筑巢栖息等。有一天，一个"头"不知为何与另一个"头"发生了很大的误会，造成谁也不理谁的仇视局面。其中有一个"头"想尽办法和好，希望还和从前一样快乐相处，但另一个"头"睬也不睬，根本没有和好的意思。

后来，这两个"头"为了食物开始争执，那个善良的"头"建议多吃健康食物，以增强体力，但另一个"头"则坚持吃"毒草"，仿佛只有毒死对方才可消除心中的怒气！和谈无法继续，于是只好各吃各的。坚持吃毒草的那个头不明白，毒死对方也会毒死自己，因为它们是一体的。最后，那只两头鸟终因吃了过多的有毒食物而死去。

很多人不清楚"同甘苦，共命运"是人类的一种美德，更不明白共同的命运感会激发出惊天地泣鬼神的强大力量。中国古代有个故事能让我们得到启发。在中国的秦朝末年，天下纷乱，军阀为了不同的利益相互混战。当时，赵王被秦军围困在巨鹿，请求楚怀王救援。而秦军强大，几乎没人敢前去迎战。项羽为报秦军杀父之仇主动请缨，楚怀王封项羽为上将军。

项羽先派人率领两万人做先锋，渡过湾水，切断秦军运粮通道。然后，项羽率领主力渡河。过了河，项羽便命令每个将士带三天的干粮，把军队里做饭的锅碗全砸了，把渡河的船只全部凿沉，连营帐都烧了。他对将士们说："咱们这次打仗，有进无退，三天之内，一定要把秦兵打退。"

项羽破釜沉舟的决心和勇气，使将士们看清了他们的共同命运：要么一起胜利，要么一起死亡，没有退路。面临绝境的齐心协力使楚军生产了超常的战斗力，他们把秦军包围起来，个个士气振奋，越打越勇，以一当十，以十当百，经过九次激烈的战斗，活捉了秦军首领，其他秦军将士有的被杀，有的逃走，围困巨鹿的秦军就这样瓦解了。

其实，我们很多人都明白"一荣俱荣，一损俱损"的道理，因此，他们会以公司为家，与公司共命运。但也有一些人并不明白这个简单的道理。以前有一名教徒很想知道天堂和地狱到底是什么样子。他就问先知伊里亚："地狱在哪里？天堂又在哪里？"伊里亚没有回答他，而是拉着他的手，领着他穿过了一条黑暗的过道，来到一座殿堂。他们跨过了一扇铁门，走进了一间挤满了人的大屋，这里有穷人，也有富人，有的人衣不蔽体，有的人则佩金戴玉。在屋子当中，有一个熊熊燃烧着的火堆，上面吊着一个大汤锅，锅里的汤沸腾着，飘散着令人垂涎的香味，汤锅的周围，每个人手里都拿着一个好几尺长的大汤勺。舀汤的一端是个铁碗，勺把是木制的，这些饥饿的人们围着汤锅贪婪地舀着。由于汤勺的柄非常长，汤勺又非常重，即使是身体强壮的人也不可能把汤喝进自己嘴里，而不得要领的那些人不仅烫了自己的胳膊和脸，还把身边的人也烫伤了，于是，他们相互责骂，进而用汤勺大打出手。先知伊里亚对那个教徒说："这就是地狱！"

然后，他们离开了这间屋子，通过另一条幽暗的过道走了好一阵子，来到另一间屋子。同前面一样，屋的中间有一个热汤锅，许多人围坐在旁边，手里拿着长柄汤勺，也是木制的柄、铁制的碗。除了舀汤声外，只听到静静的满意的喝汤声，锅旁总保持两个人，一个舀汤给另一个喝。如果舀汤的人累了，另一个就会拿着汤勺来帮忙。先知伊里亚对教徒说："这就是天堂。"

原来，天堂和地狱都不遥远，它就在我们身边：合作是天堂，争斗是地狱。

我常常问一些员工对自己所在企业的感觉，他们的回答总是千差万别，不少员工抱怨自己的企业像地狱，只有极少的员工会对自己在一个天堂般的企业工作而自豪。我羡慕并祝福那些在感觉自己在天堂般的企业里工作的人，我相信，这种感觉会让他们和他们所在的企业更加和谐完美，并创造出更大的辉煌。对那些抱怨自己企业的员工，我对他们的感觉和处境深感遗憾，但我想说的是，无论有多少种理由，抱怨都不是值得推荐的。

天堂或者地狱其实只在一念之间。"我建造天堂，我就上天堂；我建造地狱，我就下地狱"。谁不愿意在天堂工作呢？关键是你必须首先为建造共同的天堂而尽力，永远没有一个现成的天堂等着你。

天堂和地狱都不遥远，它就在我们身边：合作是天堂，争斗是地狱。